JN109209

平生釟三郎の
栄光と苦悩

松下豊久

甲南大学出版会

推薦のことば

平生釟三郎は、甲南学園の出身者にとっては、深く尊敬する母校の創設者ですが、明治・大正・昭和にわたって多方面で活躍され、わが国の歴史に大きな足跡を残された、卓越した指導者でもあります。

釟三郎に関する出版物としては、『平生釟三郎自伝』（一九九六）と『平生釟三郎日記』（二〇一〇〜二〇二〇）があり、また、秀逸な伝記である河合哲雄著『平生釟三郎』（一九五二）が、二〇一九年に甲南学園から復刻されました。一般向きの伝記としては、小川守正・上村多恵子の共著『平生釟三郎伝―世界に通用する紳士たれ』（一九九九）が広く読まれています。

この度、甲南大学出版会から出版されることになった、この『平生釟三郎の栄光と苦悩』の著者である松下豊久は、「人類共存」と「報国尽忠」という釟三郎自身が信条とした二つの理念を切り口に、釟三郎を「一人の生身の人間」として描こうとしました。

新しい伝記を書くに当って、松下は釟三郎が多方面にわたって活躍した足跡をたどるだけでなく、その頃の社会的背景や多くの人物とのつながりについても、丹念に調べ上げました。

ひと味ちがった立派な読み物が出来上がりましたが、特に戦時下において、世界の緊張緩和のために苦悩しながら、釟三郎が必死に努力した部分は圧巻であり、ユニークなものと思われます。

昨年、同じ出版会から吉沢英成著『平生フィロソフィ　平生釟三郎の生涯と信念』が刊行されましたが、この本と松下の新しい本とが、多くの方々に併せて読まれることを願っています。

元旧制甲南高等学校同窓会幹事長
大阪大学名誉教授　福井　俊郎

はじめに

平生釟三郎《ひらおはちさぶろう》（一八六六〜一九四五）は、甲南学園や甲南病院の創立者として、そして大正・昭和期に、東京海上保険専務、川崎造船所社長、日本製鉄会長・社長として活躍した実業家として良く知られている。

また、訪伯経済使節団団長として日本とブラジルとの間の貿易の発展に貢献し、あるいは文部大臣や大日本産業報国会会長などを歴任した政治家として、ご存知の方も多いかと思われる。

このように数々の華やかな経歴の持ち主であることからも分かるとおり、釟三郎は、実業家にして教育家、社会事業家にして政治家、しかもそれら各界の重鎮として、戦前戦中の我国の歴史に大きな足跡を残した人である。

しかし他方では、明治以降の急激な近代化に伴う社会の歪みに心を痛め、社会奉仕に生きることを決意して、「人類共存」と「報国尽忠」を信条にこの時代と真摯に向き合って、理想と現実との狭間で苦悩した人でもあった。

社会奉仕事業の開始と展開

日本国家の健全な発展のためには、人格の優れた人材を育成することが急務だと考えた釟三郎は、東京海上在勤中から、拾芳会や甲南学園という育英・教育事業に熱心に取り組んだ。そして多方面の社会問題にも目を向けて、ロータリークラブの活動に熱心に取り組み、また、生活協同組合運動や野党的な立場の新聞社の設立を支援し、更には、経済的自由主義や労資協調を主張する、実業同志会という新政党の設立にも参画するなど、既にこの頃から様々な政治的社会的活動を始めている。

そして釟三郎の社会奉仕の念は益々《ますます》高じて行くことになり、大正十四（一九二五）年四月、まだ五十九歳で実業界の重鎮としての活躍が期待されていた中で、釟三郎は社会事業に専念するために東京海上専務を退任することになる。

社会事業に専念することになった釖三郎は、甲南学園の発展に努めるとともに、甲南病院の設立に邁進《まいしん》することになるが、それだけには止まらず、日伯協会の理事や海外移住組合連合会会頭に就任して、ブラジル移住者の支援活動を精力的に開始する。また、自由通商協会、経済更新会、大阪軍縮促進会という団体を結成し、軍備拡張に反対して国際協調を掲げる民政党の政策を支援する政治運動を、今度は自らが先頭に立って展開するようになる。

しかし昭和六（一九三一）年に勃発した満州事変後は、日本の政治環境は一変して自由な政治運動が憚《はばか》られるようになり、釖三郎は表立った政治的運動を控えることになる。しかしそれでも釖三郎の社会奉仕の念は衰えることなく、むしろ一層高まって行く。

その後釖三郎は、経営破綻に瀕していた川崎造船所を再建するために社長を引き受けて、労資協調を掲げて川崎を再建したかと思えば、訪伯経済使節団団長に就任して、日本・ブラジル間の貿易を飛躍的に発展させ、その結果、ブラジル政府が一時制限していた日本人移民の受入拡大に繋《つな》げることに成功する。この間にも釖三郎は苦労の末に甲南病院を開設し、甲南高等学校の校長も務めて、医療事業と教育事業にも大きな精力を注いだ。

「人類共存」と「報国尽忠」の狭間での苦闘

釖三郎は、皇室、特に明治天皇を敬愛し、明治憲法と教育勅語を大切にした人であり、天皇が勅語や詔書を発布すれば、これを国是として受け止めて、「一旦緩急あれば義勇公に奉じ」

の精神で、国策に協力することが義務であると考えた人でもあった。

そのため、政治情勢が緊迫度を強める二・二六事件以降は、文部大臣、日本製鉄会長・社長、北支方面軍司令部附最高経済顧問などに就任して、国政あるいはそれに近い任務に就くことになるが、国を思うが故に日中戦争の早期終結を模索して、対英米戦争の道に進むことを阻止しようとした。

北支最高経済顧問の時は、日本が占領した北支那の経済復興と中国人の信頼回復に心を砕き、米国資本の導入を企図して日米共存を図ろうともした。また、軍縮派の宇垣一成陸軍大臣を次期内閣の首班として擁立しようとしたり、政府の要人と面会して、英国を仲介に蒋介石との和平交渉を進めるよう進言したりもしている。

このように釩三郎は、日本は貿易立国であり国際協調があってこそ日本の健全な発展ができると考えて、「人類共存」と「報国尽忠」の二つの理念は、互いに共鳴し合うものと信じていたのである。

しかし世界のブロック経済圏化が進行するようになると、日本は大陸侵攻を強めて日満支の経済圏確立が国是となり、欧米との緊張が一層強まる中にあって、国際協調を唱えることはもはや不可能となって行く。

そして昭和十五（一九四〇）年七月に第二次近衛文麿内閣が大東亜新秩序・国防国家の建設を国家方針として決定後には、釩三郎はこの目的に向けて国家と社会の全機能を集中する、いわゆる高度国防国家の基盤強化に尽力することになり、日本の戦時体制には批判的見識を持ちつつも、昭和十六（一九四一）年十二月の日米開戦後は、戦争の必勝を願って産業面から国策に一層の協力をすることになる。

日本製鉄会長・社長や鉄鋼統制会会長にあっ

ては、持ち前の名経営者ぶりを発揮して経営の効率化を推進し、日本の鉄鋼生産を終戦間際まで支えた。大日本産業報国会会長にあっては、「銃後にいる資本家、経営者、労働者は三位一体となって増産に奮闘せよ」と言って、戦時下の日本の産業力の強化に奮闘した。

平生釟三郎を知ることの今日的意味

このような釟三郎の生き方や、釟三郎と行動を共にした多彩な人々を知ることは、昭和初期までの日本には豊かな思想の多様性があり、平成・令和の我々よりも日本国民であることの意識が強く、貪欲に海外事情を学び、政治や社会問題に対しても積極的に行動した人が多かったことを教えてくれる。とりわけ釟三郎は、日本の指導者としての自覚が強く、自分で何とかしようという責任感の強い人であった。

この釟三郎の生き方を賞賛するにせよ批判するにせよ、日本の戦前戦中期という時代と真摯に向き合った人として、平生釟三郎はもっと広く世の中に知られて然るべきであると思う。

釟三郎は、幕末の出生時から大正始めまでの自伝を残し、また、大正始めから昭和二十（一九四五）年十一月に死去する数日前までの膨大な量の日記を残しており、『自伝』は名古屋大学出版会から、『日記』は甲南学園から夫々刊行されている。このような詳しい資料に接することができる戦前日本の重要人物は稀である。その意味でも平生釟三郎は、今後とも新しい研究成果が期待できる人物でもある。

河合哲雄の『平生釟三郎』

昭和二十七（一九五二）年に発行され、平成三十一（二〇一九）年に甲南学園から復刻された河合哲雄著『平生釟三郎』は、年代順に釟三郎の事績を追うとともに、移り行く釟三郎の心の動きもしっかりと記述された秀逸な伝記となっている。しかし九〇〇ページにも及ぶ大著であり、しかも戦前日本でよく使われていた文語体で書かれているため、一般にはハードルが高いと思われる。

本書は、この河合本を底本として利用させて頂き、年代順の記述は事績別の記述に取り纏め、一般にも手に取りやすいコンパクトなものにすることを心掛けた。

河合本には、釻三郎の親兄弟や妻子への細やかな心配りも記述されているが、本書では割愛した。その代わりに釻三郎が社会奉仕として取り組んだ事業については、近年の甲南大学などの研究者による、平生釻三郎研究の成果を取り入れて新たな視点を提示し、釻三郎が特に心血を注いだ事業の「その後」については、特に章を割いて最終章で触れることとした。

小川守正と上村多恵子の『平生釻三郎伝』

一般向けにコンパクトに纏められた釻三郎の伝記としては、平成十一（一九九九）年に発行された、小川守正と上村多恵子の共著による、『平生釻三郎伝／世界に通用する紳士たれ』がある。また続編として、小川・上村共著『大地に夢を求めて／ブラジル移民と平生釻三郎の軌跡』と、小川著『続・平生釻三郎伝／昭和前史に見る武士道』も発行されている。

これら小川・上村本は、「武士道」と「世界に通用する紳士たれ」を切り口にした平生釻三郎像が描かれており、ご遺族や関係者にも面談して情報を集められ、ロンドンやブラジルにも足を運んで取材されている。また昭和十年代を旧制甲南高等学校の学生として過ごし、釻三郎の謦咳《けいがい》にも接することができた小川ならではのエピソードも語られて興味深く読むことが出来る。

本書が描こうとする平生釟三郎

平生釟三郎を語る言葉としては、この小川・上村本が切り口とする、「武士道」や「世界に通用する紳士たれ」の外にも、「人格の修養」、「個性尊重」、「常に備えよ」、「共働互助」などがある。しかし前述の通り、これらの言葉だけでは到底説明ができないほどの多彩で激しい人生を釟三郎は歩んでいる。

このような釟三郎像を描くために、本書では、釟三郎がその私設奨学金事業である拾芳会の給費生の人生指針として与えた、「人類共存」と「報国尽忠」の理念に着目した。この二つの理念は釟三郎自身の信条でもあり、この理念によって釟三郎は社会奉仕に向うことになり、幾つもの後世に残る偉業を成し遂げるとともに、戦時中には政財界の要職に就任して、この二つの理念の狭間で苦悩したと考えるからである。

本書は、平生釟三郎の考え方や彼が歩んだ人生を、一定の思想的立場から肯定や否定をすることを意図するものではない。ただ一人の生身の人間としての平生釟三郎を描こうとしたものである。

平生釟三郎は、戦前戦中の日本を代表する指導者の一人であり、「人類共存」と「報国尽忠」を己の信条として生き、数々の栄光ある業績を成し遂げた人であったこと、そして苦難の時代と真摯に向き合って苦悩した求道者でもあったことを、広く知って頂きたいと願って書いたものである。

戦前日本にこのようなスケールの大きな人物がいたことを、是非とも多くの方々に知ってもらいたいと強く願うものである。

著者

目次

第四部　政治経済活動の展開と多方面での活躍

第五部　戦時体制下での苦闘

第一部

生い立ちから
東京海上で活躍するまで

生い立ち・就学・就業

貧乏士族の三男

平生釟三郎は、陰暦の慶応二年五月二十二日（陽暦一八六六年七月四日）、美濃国《みののくに》（現在の岐阜県）加納藩士田中時言《ときのり》の三男として生まれた。

父時言は、同じ美濃国の高田村の庄屋であった岩間家から、婿養子として永井肥前守家臣の田中家に入り跡継ぎになった人、つまり百姓から士族になった人である。それ故に、生まれながらの武士よりも一層武士らしく振舞うことに努力した、厳格な人であったと伝えられている。

ある日釟三郎の次兄が、悪友たちと共に仕掛けた落とし穴に、家の使いで買い物から帰る途中の近所に住む少年を落として怪我をさせたとき、父時言は次兄をとらえて立木に縛り付け、「だまし討ちは武士のもっとも恥とするところ」だとして、刀を取り出して打ち首にする寸前のところで、母の取りなしで収まった出来事があったという。

釟三郎はそのような厳格な雰囲気の家庭で育った。しかし生来負けん気が強く、喧嘩をしては生傷の絶えない腕白少年でもあったようである。

貿易業で身を立てるべく上京

釟三郎は地元の憲章校（後の加納尋常小学校）を卒業して、明治十二（一八七九）年に岐阜中学校に入学した。しかし版籍奉還に伴う秩禄処分後の田中家の経済状態は、わずかな公債証書を得ての自働自活の境涯に入り、宅地や所有品を売り崩し、傘の骨を削る内職、あるいは魚捕り、それに屋敷畑の自給自足で食い繋《つな》ぐ状態で、やがて公債証書も全部売却し尽して家計は益々厳しくなって行く。中学二年の時には授業料の支払いにも事欠くようになった。

家計の窮状を察した釟三郎は、外国貿易で身を立てる決心をして一年三ヶ月で中学校を中退し、父の知人の伝《つて》で外国商館を紹介してもらうべく上京することになる。

明治十三（一八八〇）年夏、釟三郎は東京にいる長兄を頼って、居候をしながら外国商館の就職口を探し、その間、周徳舎という私塾に通うことになった。しかし私塾の費用は高く、生活費にも事欠くようになり、商館の仕事も一向に見つからない。そんな時、父時言から一通の手紙が届く。それは、「御身は小学時代より学業成績優秀なれば、学業に於いて成功するの望みあり。何とかしてこの道に依り立身し、父に代わって祖先に対し面目を施すべし」（『平生釟三郎自伝』三十三頁。以下『自伝』と略記する）

というものであった。

そこで向学心に火をつけられた釟三郎は、官費で学べる学校を探し始めるが、十四歳ではそのような学校はなかなか見つからない。当時、海軍兵学校の入学条件は十六歳以上、陸軍士官学校と高等師範学校は十八歳以上であった。

たまたま読んだ新聞に、十四歳以上で入学できる東京外国語学校の給費生募集記事を見つけて受験したところ、見事最終試験で第二位で合格してロシア語科に入学した。明治十四（一八八一）年のことである。

14歳頃の釟三郎
（画像提供：甲南学園）

東京外国語学校へ入学

東京外国語学校は仏独露漢韓の五学科があり、仏語科と独語科の生徒は官吏の子弟が多く、比較的裕福であったが、露・漢・韓の生徒は極貧者が多く、全員寄宿舎生であった。寄宿舎生は乱暴狼藉者も多く、落書、放歌、寮食荒らしは日常茶飯事であったという。

ロシア語科では中等学科の課程も教えていたが、漢語と日本史以外の、理化学、代数幾何、歴史地理は全てロシア語教科書で行われた。釟三郎とともにロシア語科に入学した人物の中に二葉亭四迷【1】がおり、釟三郎と二葉亭は常に一番と二番の成績を争っていた。

ところがあと半年で卒業という四年生の時、外国語学校は東京商業学校に併合されて、ロシア語科は閉鎖されることになり、ロシア語科の学生は、退学するか、又は入学試験を受け直して、東京商業学校に再入学するかの選択を迫られることになった。

二葉亭は失意のまま退学して作家の道を歩んだが、釟三郎はもともと実業で身を立てることを考えていたため、東京商業学校に進学する道を選ぶことにした。

【1】二葉亭《ふたばてい》 四迷《しめい》

元治元（一八六四）年〜明治四十二（一九〇九）年。本名は長谷川辰之助、父親は尾張藩士。尾張藩の藩校明倫館では漢学とフランス語を学ぶ。東京外国語学校中退後は作家の道に進む。代表作『浮雲』は言文一致体で書かれ、日本の近代小説の先駆けとなる。ロシア文学の翻訳も多く手掛け、ツルゲーネフの『猟人日記』の一部を翻訳した『あひゞき』は、自然主義作家に大きな影響を与えた。

後に内閣官報局翻訳官、海軍編修書記、一八九九年に再建後の東京外国語学校教授。一九〇四年大阪朝日新聞社に入社し、特派員となってロシアに渡るが肺炎を患い、ロシアから帰途の船上で肺炎が悪化して客死。

平生家に入籍

明治十九（一八八六）年、釟三郎は入学試験に見事合格して東京商業学校に再入学したが、たちまち学費の支払いに窮することになる。

丁度その時、岐阜の裁判所判事、平生忠辰のひとり娘、佳子の将来の夫として釟三郎を婿養子に迎える話が進み、卒業するまでの学資は平生家が面倒を見る約束で、釟三郎は平生家に入ることになった。

平生忠辰は、旧岸和田藩の家老職に次ぐ高扶持の藩士で、維新の際に藩論が二つに分かれて、藩主の岡部長職の生命が危うくなった時、忠辰がこれを仲裁して岡部家の危機を救ったという。明治維新後、岡部長職は外務官僚になり、その長男長景も外務官僚や内務官僚を歴任し、宮内省式部次長や陸軍政務次官、そして東條内閣の文部大臣も務めた。平生家と岡部家との繋がりは強く、釟三郎と長景との交流は生涯続いた。

この時釟三郎は、学資を得るための婚約は不純として、東京商業学校の矢野二郎校長【2】から叱責されたが、その矢野校長の尽力により奨学金を受けることが認められ、平生家からの仕送りを含めて学生生活を継続できることになった。

【2】矢野《やの》 二郎《じろう》

弘化二（一八四五）年〜明治三十九（一九〇六）年。幕臣の子として江戸駒込に生まれる。新進の洋学者として江戸幕府の外国方訳官や騎兵伝習隊指図役心得を務め、維新後は横浜で外国貿易仲介業をしたこともあったが、外務省二等書記官として任官し、ワシントン駐米代理公使にもなった。

帰国後は商法講習所所長に就任し、同講習所の組織変更後の東京商業学校校長、そして高等商業学校校長を勤め、日本における高等商業教育の先駆者となった。共立女子職業学校（現在の共立女子大学）の創設者の一人でもある。

東京商業学校と矢野校長

東京商業学校は一年後に高等商業学校（現在の一橋大学）に昇格するが、高商生は何かにつけて一高生に対してはライバル意識をむき出しにしていたようで、釟三郎が選手の一人であった両校の隅田川ボートレースでは特にそうであったようである。

高商でも釟三郎は常に優秀な成績を残して、明治二十三（一八九〇）年七月に首席で卒業する。その後矢野校長の計らいでそのまま助教として残ることになり、英語と経済学を担当した。そして約束どおり佳子と結婚した。釟三郎二十四歳の時である。そしてその後も矢野校長は、釟三郎の人生を左右する大きな役割を果たすことになる。

仁川海関に赴任

高等商業学校助教に就任したその半年後、釟三郎は矢野校長に呼び出されて、明治二十四（一八九一）年三月に、日清戦争前の朝鮮国の仁川海関（税関）の官吏選定推薦の申し出を受け、釟三郎はこれを受諾する。

当時の朝鮮国（一八九七年に大韓帝国となり一九一〇年の日韓併合へと続く）では、日本や欧米列強の圧力を受けて開国が始まり、日朝修好条規に続いて、欧米各国との間で通商条約が締結されて間もない頃であり、同国の海関には各国から外国人職員が派遣されていた。

釟三郎が赴任した仁川海関では、イギリス人関長の下で業務は全て英語で行われており、そのことは事前に知らされていた。しかし意外であったのは、日本領事館から海関への公文書は日本語で通達され、これを英訳して関長に提出することも釟三郎の仕事であったことである。

釟三郎は公文書の翻訳は初めての事であり、その翻訳に齟齬があれば領事館にも累が及ぶとして、領事館を訪ねて自分の英訳文の確認を林権助領事に依頼すると共に、関長のジョンストーン（J.C.Johnstone）にも釟三郎の英文を、より洗練された英文にすべくアドバイスをしてもらうことになった。このように釟三郎は周りの人々から信頼され、寵愛を受ける徳があったようであり、これがその後の釟三郎のキャリアを押し上げて行くことになる。

仁川海関での釟三郎の仕事振りは、持ち前の正義感により朝鮮国の法律に忠実に業務を行い、日本人業者であっても関税のごまかしを見逃すことなく、真面目に仕事をしたようである。

また、夜間に英語塾を開いて、現地に駐在する商社などの邦人社員や朝鮮の若者に英語を教えることもしている。この英語塾は、当初日本人有志が英国人教師を招いて「仁川英学舎」として開始され、その後一時休止していたものを、釟三郎が「仁川英語夜学校」として再開したものので、その後幾多の変遷を経て徐々に本格的な学校へと成長を続け、やがて仁川南公立商業学校に発展して、戦後は仁川高等学校となり現在に至っている。

正に、釟三郎が『自伝』で回想しているように、「蒔かぬ種子は生へざるも、蒔きたる小さき種子も時立ち、年を経れば、喬木《きょうぼく》となる」（『自伝』一一八頁）である。

兵庫県立神戸商業学校校長に就任

仁川赴任から二年後の明治二十六（一八九三）年三月、釟三郎は矢野校長に再び呼び戻され、今度は兵庫県立神戸商業学校（現在の兵庫県立神戸商業高等学校）の校長に就任することになる。日清戦争の一年前で、釟三郎が間もなく二十七歳になろうとする時である。

当時の神戸商業学校は綱紀が乱れており、県議会は廃校の決議をしたが、周布公平県知事が一年間の猶予を求めて、同校の再建を担う校長の派遣を矢野校長に求めて来たためであった。

釟三郎は四月に着任すると、直ちに職員会を開いて自分の就任理由を説明すると共に、反対多数の場合には自分は辞任するが、賛成多数の場合は自分の方針に従うことを職員に迫って、全員の賛成を取り付ける。そして自分の学校再建案を説明するために、一ヶ月分の俸給を費やして、知事をはじめ神戸の有力者を宴席に招待して彼らを驚かせる。

そして頑固な県議会を説得して、現状の本科三年に加えて予科一年の増設をすること、および商品陳列室の新設を含めて学校予算を前年比二倍に増額することを承認させて再建に取り掛かり、僅か一年で再建の道筋をつけた。

釟三郎は、部下となる教職員に対しては、自分の任務を伝えてその方針に従うことを求めるとともに、自分の人事権や予算を握る県知事や県議ら、商業学校の運営に影響力を与えるお偉方に対しては、自分の方針が承認されるまで熱心に説明して、その後の仕事の遂行を容易にする。

二十七歳そこその若造が、このようなことをやってのけることができたのは驚くべきことであるが、当時の高等商業学校卒業生の社会的地位の高さとともに、釟三郎が生傷の絶えない

神戸商業高校校長時代の釟三郎
(画像提供：甲南学園)

腕白少年であり、ガキ大将からも一目置かれていたことが伝えられていることから、人間集団を統率するコツを幼少時代から釟三郎は習得していたことを伺うことが出来る。

釟三郎は、スポーツなき学校は教育上問題ありと思ったのであろう、神戸商業にボート部を設立し、水泳能力のある者を集めて、二ヶ月後には神戸沖から須磨沖までの遠漕ができるまで指導をした。大阪堂島川の大阪商業学校主催のボートレースでは、来賓として招かれた大学と高商の対抗レースにおいて、釟三郎は高商艇の漕ぎ手の一人になって見事優勝して、神戸商業学校生を喜ばせた。

着任二年目の三年生修学旅行では、自ら引率して神戸から福知山を経て宮津そして舞鶴に行き、帰路は舞鶴から亀岡、京都を経て神戸に戻るという、一日の行程三〇kmから四〇km、全八日間の徒歩旅行を行い、釟三郎も一緒に踏破して強脚ぶりを見せている。

第二章

東京海上時代の釟三郎

東京海上に入社

明治二十七（一八九四）年六月、釟三郎は矢野校長から三度目の呼び出しを受ける。今度は東京海上保険株式会社の筆頭書記になれという話である。

当時、釟三郎と同じ高等商業学校の卒業生で、卒業年次が二年上の各務鎌吉【3】が東京海上の筆頭書記を務めていたが、急遽ロンドン支店に赴任する必要が生じたため、その空席を埋める人材として推薦されたのである。釟三郎は、神戸商業学校在勤二年目の一学期終了後の七月に、校長を退任して東京海上に赴任する。釟三郎二十八歳のときである。

東京海上は、明治十二（一八七九）年に設立された日本最初の損害保険会社であり、当初は競合他社のない殿様商売をしていた。

しかし当時は外国貿易の八割を外国商に押さえられて、海上保険の殆どは外国保険会社に流れており、船舶保険についても、大阪商船や日本郵船などの大会社は自社内保険で済ませていたため、東京海上の業績は伸び悩む。

こうした事情もあって、明治二十三（一八九〇）年にロンドン支店を開設して、海外引受案件を増加させることになり、その結果、東京海上の保険料収入は驚異的な成長を遂げる。

ところが明治二十五（一八九二）年頃から、リヴァプールなどの複数の代理店から、しばしば逆為替が組まれるようになったのを皮切りに、ロンドン支店の損失が次々と明らかになったため、同社損害保険の第一人者である各務が、急遽ロンドン支店に派遣されることになったのである。

【3】各務《かがみ》鎌吉《けんきち》

明治元（一八六九）年〜昭和十四年（一九三九）年。

岐阜県の農家の次男。明治二十一（一八八八）年に高等商業学校を首席で卒業。その後京都府立商業学校教師を経て明治二十四（一八九一）年に東京海上に入社。

同社社長・会長をはじめ、三菱信託、日本郵船、三菱本社の要職を務め、日本銀行参与、大蔵省顧問を歴任して貴族院議員にも勅選された。

「損害保険業界の父」といわれ、日本人実業家としては初めて米国『TIME』誌の表紙を飾り、世界保険殿堂に初の日本人として選ばれている。

釟三郎の東京海上着任後、業務引継もそこそこに、各務はその二日後にあわただしくロンドンに出発する。当時、日本生命系の日本海陸保険と安田財閥系の帝国海上保険などが新たに海上保険に進出し、これら保険会社との競争が激しくなり、接待の嫌いな釟三郎であったが、これも仕事だと割り切って毎日のように料理屋に通った。

社長の益田克徳は東京海上設立当初からの社長で、ロイド保険約款の翻訳を日本で最初に手掛けた、海上保険の元祖と言われるほどの人であったが、無為庵あるいは非黙居士という号を有する茶人で骨董を好み、どぶ板を踏んでの営業ができる人ではなかった。

釟三郎の『自伝』には、益田社長を始め、重役の荘田平五郎や渋沢栄一らの人物評を記している箇所が見られ、回想とはいえ、釟三郎は既に人を見る目や組織管理能力に優れていたことが分かる。

大阪支店の開設

日清戦争後、大阪、神戸の商工業は著しい発展を遂げるが、これに着目した釟三郎は消極的な役員会を説き伏せて、明治二十九（一八九六）

年六月に大阪支店を開設する。ところがその一年後、大阪支店において、約定保険料と実収保険料との大幅な乖離や多額の接待費など杜撰な経理が発覚したため、その業務を立て直すために釟三郎は大阪支店に赴任する。

それが一段落した明治三十（一八九七）年十一月、今度は釟三郎がロンドン支店に赴任することになる。その頃各務はロンドン支店の整理が一段落して、その報告のために一時帰国することになり、その間の交代要員としての赴任である。

ロンドン支店では各務の精査の結果、同支店の多額の損失は、支店経営を任せていた担当者の保険リスク判定の甘さから、結果として事故リスクの高い保険案件を多く引き受けていたことに加えて、保険金支払引当金を計上することを怠っていたことに起因することが判明した。

保険契約時には保険料収入が計上されて、その時の会計年度の利益に寄与するが、後日保険事故が起きれば巨額の支払保険金が発生し、それは往々にして翌期又は翌々期の会計年度の費用になるため、引当金の計上を怠った場合は、ここで初めて損失が表面化することになるからである。

東京海上はロンドン支店における損失のため、明治二十七（一八九四）年から二十九年までの三年間に亙り、大きな赤字を計上して無配に転落し、資本金も半分に減資するなど満身創痍に陥ることになる。

ロンドン支店に赴任

釟三郎は太平洋航路でサンフランシスコに渡り、大陸横断鉄道でシカゴ経由ニューヨーク、そして大西洋航路でロンドンに到着した。明治三十（一八九七）年十二月末であった。早速各務との事務引継に取り掛かり、翌年三月、各務はロンドンを去り、釞三郎は数人のイギリス人の部下を指揮してロンドン支店の経営を見ることになる。

ロンドンでは、かつてナポレオン三世の宮廷裁縫師をしていたミルデ氏の家に下宿したが、

ロンドン支店時代（前列左釞三郎、中央各務）
（画像提供：甲南学園）

その夫人は出来た人で、釞三郎が友人を連れてきても嫌な顔ひとつせず、また思いがけず誕生日を祝ってくれたこともあり、居心地はとても良かったようである。この時の好印象が釞三郎の親英感情を育んだ。

かの文豪夏目漱石が、三年後に同じミルデ家に下宿しているが、釞三郎を親切に迎えてくれたミルデ夫人は他界して下宿の雰囲気は一変していたようである。その居心地の悪さに、漱石は短期間で引っ越したというエピソードがある。

ロンドン支店の閉鎖

明治三十一（一八九八）年十月、本社への報告のために一時帰国していた各務はロンドンに戻り、釞三郎と各務はロンドン支店の今後の在り方について連日議論をすることになる。

各務は、自分はイギリス人のアンダーライター（保険査定員）にも負けない仕事ができる

として、ロンドン支店の継続を主張した。これに対して釟三郎は、各務なら出来るとしても、将来各務と同等の能力を持った後任を得ることは不可能であること、そして今後ロンドン支店を伸ばすにしても、日本の保険会社が英国企業の元受保険会社に就任することは至難の業であり、ロンドン支店を存続させるメリットはないと一歩も譲らなかった。そして遂に釟三郎は、各務との連名でロンドン支店の閉鎖を重役会に建議するに至る。

待つこと三ヶ月、しかし重役会の返答は、「日本の保険会社として唯一のロンドン支店であれば継続せよ」というものであった。これに対して釟三郎と各務は、重役会の方針がそうであっても、我々二人がロンドン支店の継続は不可能との結論を出している以上、二人とも退社するので然るべき人材を派遣せよと重役会に迫る。

そして明治三十二（一八九九）年六月をもって、ロンドン支店を閉鎖することを重役会に認めさせる。これを受けて各務はロンドン支店の残務整理のため暫くロンドンに残り、釟三郎は同じ問題を抱えていたサンフランシスコ支店を整理するためにサンフランシスコに向かった。

それぞれの整理を終えて二人が帰国したのは明治三十二（一八九九）年秋であった。そして東京海上の今後について、釟三郎と各務は再び連日連夜の議論を始める。結論は、営業の意思決定は重役会に付すことなく、知識と経験のある二人に全権を委任してもらいたい、というものであった。

重役会は、「かかる建議は社員政治となり、取締役の権限を空位たらしめる恐れあり」と反対して紛糾したが、最後には二人の建議は承認されて、明治三十二（一八九九）年十二月、各務は営業統括兼本店長に就任し、釟三郎は翌年三月に大阪・神戸両支店長に就任することになった。釟三郎三十三歳の時である。

大阪・神戸支店長に就任

大阪・神戸両支店長に就任後の釟三郎は次々と業績を上げていく。明治三十三（一九〇〇）年には、それまで社内保険方式を採用していた大阪商船の船舶保険契約を、次いで広海家船舶部（後の広海汽船）からも同様の保険契約を獲得することに成功する。

そして接待費の金額が保険料収入の三割に上っていることを指摘して、接待を禁止するとともに、保険料を引き下げて他社よりも有利な条件を提示する。この結果大阪・神戸両支店における保険契約高は急増し、会社の利益は大きく増加して、明治三十四（一九〇一）年には払込資本金に対して一割の配当を復活させる。

日露戦争・第一次大戦と戦争保険

こうした中、明治三十七（一九〇四）年二月に日露戦争が勃発し、ロシアの高速巡洋艦が日本海や太平洋に出没して、商船が撃沈されるという事態が発生する。荷主や船会社からは戦争保険引受けの要請が来るが、東京海上は未だ内部留保が十分ではなかったため難しい判断を迫られ、釟三郎と各務は、二十万円を限度に戦争保険を引受けることを決める。

ロシアのウラジオ艦隊が出動するという噂が流れる度に保険料は激しく上下を繰り返し、この間、各務が腸チフスに罹って、同年九月から半年間入院するという事態もあり、釟三郎は各務の仕事も代行して、真夜中でも得意先の電話対応に追われるなど多忙を極めた。幸い東京海上が引受けた貨物船は被害を受けなかったため、東京海上は大きな利益を上げることができた。

やがて同年十二月に旅順が陥落し、ウラジオ艦隊も壊滅して保険料率は平時に戻る。しかし明治三十八（一九〇五）年春になって、バルチック艦隊がウラジオストックを目ざしてやって来る公算が強くなり、再び戦争保険がクローズアップされる。バルチック艦隊は対馬海峡航路を採ると判断した釟三郎と各務は、東南アジア方面の保険には慎重にする一方で、北米・ハワイ航路の保険は積極的に引受けた。その方針は見事に的中して、東京海上は払込資本金の三倍に上る莫大な利益を上げることになる。

その後も第一次大戦によって日本経済は空前の繁栄を迎えることになり、貿易高は飛躍的に伸びて保険契約高は急増する。この間保険会社間の競争も激化したが、東京海上は運送・火災・自動車保険にも業務を広げて業容を拡大し、大きな収益を上げて財務体質を盤石なものにした。

大正六（一九一七）年、釟三郎と各務は共に専務取締役に就任する。釟三郎五十一歳の時である。

大正七年には、東京海上保険は東京海上火災保険に名称変更をする。このように釟三郎と各務の二人が、東京海上を日本を代表する保険会社に発展させたことは、長く日本財界の語り草となった。

東京海上常務時代（46 歳）の平生釟三郎
（画像提供：甲南学園）

三菱・三井・住友の保険会社トップを兼務

釟三郎は、三菱系の東京海上だけではなく損害保険業界全体の重鎮の役割も担うことになる。

大正六（一九一七）年に三井財閥が大正海上を設立しようとした際には、悪化しかけた東京海上と三井物産との関係を円満に保つべく、両社が共に、釟三郎に対して大正海上の重役への就任を要請するという一計を案じ、釟三郎は翌年十月に設立された大正海上の専務取締役に就任した。このような芸当ができたのも、釟三郎が三井物産との間に太い人脈を築いていたためである。

また、山下汽船系の扶桑海上（後の住友海上）が経営に行き詰まった際にも、釟三郎は住友財閥に救済を斡旋し、大正十五（一九二六）年に同社取締役会長に就任した。今日では考えられないことであるが、釟三郎は三菱、三井、住友の三大財閥の損保会社の経営トップを兼務したのである。

さらに豊国火災、明治火災、大福海上の取締役にも就任しており、この時期の釟三郎は、正に日本の損害保険業界のトップ・リーダーであったと言ってよい。

釟三郎の転機

相次ぐ不幸

家庭生活において、釟三郎は二度の大きな不幸に見舞われている。先ず明治四十（一九〇七）年八月、十七年間連れ添った妻佳子が次男の次郎を出産の後、産後の肥立不良のため死去する。

当時、長女を筆頭に二男三女の子供がいたが、長男と次男は平生の母に、次女は妹に預け、長女と三女の養育と家政については、姉に自宅に来てもらって任せることにした。

そして女子高等師範学校（現在のお茶の水女子大学）の野口保興教授より紹介された、五十子信枝を後妻として娶ることを決め、明治四十一（一九〇八）年四月、釟三郎は信枝との結婚式を挙げて、一家には幸福が訪れたかに見えた。

しかしその一年後、再び不幸が釟三郎を襲う。二度目の妻信枝が一女（美代）を出産後、院内感染が原因と思われる腹膜炎を起こして命を落とすのである。

釟三郎は悩んだ末、子供たちの養育を第一に考えて再び後妻を娶ることになる。明治四十二（一九〇九）年十二月、釟三郎は、東京音楽学校（現在の東京藝術大学）を卒業して、慶應義塾幼稚舎や富山県女子師範学校（現在の富山大学教育学部）、あるいは愛知県の高等女学校の教員をしていた鈴木すゞと結婚する。そして二度の不幸に逢った大阪の家を出て、兵庫県住吉村に転居する。釟三郎四十三歳の時である。

しかし、その後も釟三郎には家庭問題が続出して心身の苦労が絶えなかった。明治四十三（一九一〇）年には、次女の婚約者を巡るトラブルが惹起して婚約を破棄するという騒動があり、大正四（一九一五）年には、次男の次郎を脳膜炎で亡くすという不幸にも見舞われている。この頃の釟三郎は神経衰弱になって、しばしば激しい癇癪を起していたという。

「人生三分論」

この頃、釟三郎に「人生三分論」の考え方が現れて、日記には次のような記述が見える。

「単にパンの為に働き、パンと共に終始するに於ては人世も亦無意味なり…。人間生を此世に享けたる以上は社会人類の為めに多少貢献するところなかるべからず…。

人二十才迄は他力に依りて活き、四十才迄は自力に依りて立ち、其以上は自力を以て立つと共に他に力を籍さざる可からず。

余は、二十五才迄は他力に依りて活きたるを以て一層他に力を籍すことに力めざるべからずと覚悟せり」（平生日記』大正二年十一月二十五日）。

（筆者注　『平生釟三郎日記』は『平生日記』と略記した。原文は片仮名で書かれているが、読みやすいように平仮名に書き変えて引用した。以下同じ）

このように釟三郎は、企業経営者だけの人生に疑問を持ち、これからは積極的に社会に役立つことをしなければならないと考えるようになる。そして教育事業や社会事業に目が向くこととなり、釟三郎は私設の奨学金事業である「拾芳会」を立ち上げ、また、甲南幼稚園・小学校の経営を引受けて、甲南学園の育成・発展に邁進し始める。

社会問題への目覚め

東京海上の経営方針を巡って、釟三郎と各務との確執が表面化するのもこの頃からである。

大正三（一九一四）年、第一次世界大戦が始まって海上保険の戦争リスクが増大すると、各務は慎重策を主張したが釟三郎は積極策を主張した。

「海上保険を制限して日本経済を委縮させてはならぬ」というのである。各務は冷徹な計算をする経営者であったが、釟三郎は国家や社会の利益を重視した。

また、大正七（一九一八）年、大戦景気によって東京海上は空前の利益を計上したが、その利益処分を巡って各務は株主への配当金の増額を主張する。これに対して釟三郎は、社員にも特別賞与を支給するべきだと主張して激論を交わすのであった。

このような意見対立は何度かあったようで、「株主と労働者は立場が違う」という各務の考え方に対して、釟三郎は「労資協調」を重視した。

川崎・三菱両神戸造船所の大労働争議

釟三郎の労資協調主義を明確に意識させるようになった事件がある。それは、大正十（一九二一）年六月に発生した、川崎・三菱両神戸造船所を中心に近隣企業も巻き込んで、四万人の労働者が待遇改善を求めるという、戦前期日本における最大規模の労働争議である。

会社側は強硬な姿勢をとって首謀者には解雇処分をもって臨み、これに抵抗する労働者に対しては軍隊や憲兵隊が出動して、七月には川崎造船所本社前で職工一名が死亡し、多数が検挙されるという大騒動が起きる。最終的には検束者三〇〇余名、解雇者一三〇〇名を出した。

この事件を受けて釟三郎は、一方では労働運動扇動者に煽られた職工の無知浅慮を嘆くと共に、他方では資本家や会社側の利益優先主義と労働問題への無理解を批判して、このままでは労資対立が益々激化して、危険思想が広がることに心を痛めた。

第一次大戦後の世界は、ロシアでは革命が起こって帝政が崩壊し、ドイツでも一時は革命の機運が盛り上がって、無産革命の波が世界に広がって行くかのように見えた時代でもあった。

この有産階級への富の集中と、無産階級への革命思想の広がりに対して、釟三郎は大きな危機感を抱くこととなる。そしてこの危機感は、その後の釟三郎を、幅広い社会活動に駆り立てる大きなエネルギーとなっていく。

それ故に、釟三郎の社会奉仕の活動の場は、教育事業のみに止まらず、貧者にやさしい病院の建設、神戸経済と一万数千人の造船所社員・職工の雇用を守るための川崎造船所の再建、過剰人口対策としてのブラジル移民の奨励と移住者への支援活動などに広がって行くことになるのである。

東京海上退職の決意

大正十（一九二一）年九月、釟三郎は遂に東京海上を退職することを決意して「退職願」を提出する。この退職決意に際して、前述の川崎・三菱両神戸造船所の労働争議が釟三郎に大きな影響を与えたことは、退職願の提出時期とその内容が次のようなものであったことからも推測される。

「有産階級は営利獲得に熱中するも全く社会公益を考えず、無産階級を代弁する運動家はこの不平等社会を呪詛して危険思想を拡散させて、社会は不安定化して危険な状態にある。

小生は有産者の一人として我国を過激思想、共産主義、社会主義の中毒から救済することを決意した。富者に富が集中することを避けるべく、相続財産や戦争利得などの不労所得には重税を課し、労働者には正当な報酬と待遇を与えるべきである。

　よってこのような企画を実行する以上、東京海上専務を続けることはできない。一は有識者有産者のため、一は無識無産者のため、小生の退職にご同意願いたい」（『平生日記』大正十年九月四日 および 河合哲雄『平生釟三郎』三九九～四〇三頁 要約）。


　この時各務は、釟三郎の決意の固さを感じ取り、もはや翻意を促すことはしなかった。しかし後任が育つまで待って欲しいと釟三郎を説得し、当面の退職は思い止まらせて、釟三郎の退職を前提とした人事体制の再編に取り掛かる。

　大正十二（一九二三）年一月、東京海上は大阪・神戸の両支店に新しい支店長を任命し、釟三郎は営業の第一線から解放されて総監督となり、釟三郎の退職までの秒読みが始まったかに思われた。

関東大震災に伴う火災保険の支払問題

　大正十二（一九二三）年九月、大震災が関東を襲い、その後に広がった大火災は、東京、横浜に甚大な被害をもたらす。そして火災保険約款上の地震免責条項の解釈を巡る、保険金支払問題を引き起こす。釟三郎はこの問題解決のために、再び多忙の渦に巻き込まれることになる。

　保険約款に地震免責条項が明記してあると言っても、火災により家屋が全焼して全財産を失った被災者にしてみれば、保険会社の地震免責の主張に納得できる筈はない。政府も社会不安を避けるために、保険会社に善処を迫って政治問題に発展する。

　被災地区の火災保険契約の多寡や、財務体力に差がある保険会社間の利害は対立して、火災保険協会の会長会社である東京海上は、各保険会社間の意見調整と政府との折衝の矢面に立たされ、震災後の一年間は、釟三郎と各務はその調整のために奔走した。そして最終的には、政府が保険会社に低利融資をして、保険金の一割に相当する金額を保険会社が見舞金として支払うことで決着することとなった。

北米・南米・欧州への外遊

やがて見舞金支払問題も落ち着き、、釟三郎は、大正十三（一九二四）年九月から翌年四月までの七ヵ月余の外遊をすることになる。かねてから関心を持っていた、米国の巨大な生産力、移民の受入国としてのブラジルの実情、そして欧州の中高等教育事情を視察するためである。

この外遊では、東京海上の代理店や取引先への表敬訪問もあったが、その殆どは自分の我儘による外遊であるとして費用は全て自費で賄った。

アメリカでは富豪の社会奉仕精神の高さに羨望

釟三郎は、大正十三（一九二四）年九月に横浜を出帆してバンクーバーに到着し、そこから

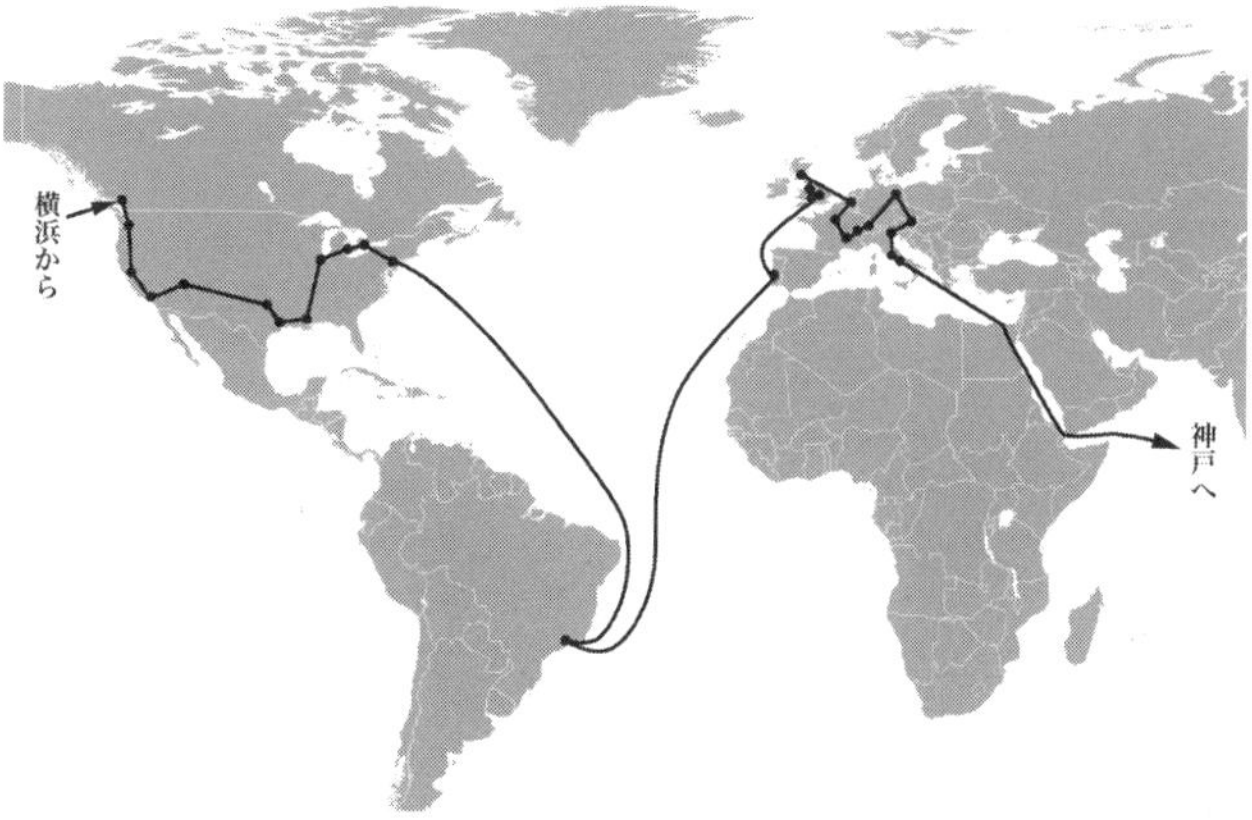

釟三郎の外遊（1924 年）（画像提供：甲南高等学校）

ニューヨークまで十余の都市を見て回った。

サンフランシスコでは、日本人倶楽部や総領事館を訪れて、当時先鋭化しつつあった排日の実情を聴取するとともに、日系二世が市民権を得ても就職は困難であることを聞いて心を痛めた。

シカゴでは一日に牛千頭、ヒツジ豚一万頭の屠殺場があることに驚き、デトロイトでは、フォード自動車工場の職工数六万五千人、一日の生産高一千台超という、いわゆる科学的管理法ないし能率増進法を導入した巨大な規模に驚愕した。

ニューヨークでは、当地の住友支社に赴任していた拾芳会員の中川路貞治との再会を喜び、ボストンでは、長男太郎が留学しているタフト・カレッジを訪ねて、太郎と会うとともに、アンソニー学長と面談をして太郎の将来を依頼した。またハーバード大学や幾つかのハイスクールを見学して、校長や教員と教育に関する意見を交換した。

そして何よりも多くの米国の大都市に、大富豪が設立した大学や病院があることを見て、釟三郎は、日本の富豪と比べて米国人富豪の社会奉仕精神の高さに羨望の念を漏らしたのであった。

ブラジルでは日本人移民の実情を調査

釟三郎は、十一月にニューヨークを発って十二月にブラジルに到着した。ブラジルでは三週間を費やして、移民収容所（移民センターのこと）や領事館、日本人移民の農場や小学校を見て回り、古老からは初期の苦労話を聞くなどをして、移民の現状と将来の展望についての理解を深める。

この頃の日本は、人口過剰問題が深刻化し始めており、日本人の海外移民は、ハワイから米国本土に広がって行った。しかし東洋人移民排斥の動きが強まって、釟三郎が外遊する直前の一九二四年七月には、いわゆる「排日移民法」が米国で制定されて、日本は新たな移民受入国を開拓する必要に迫られていた。釟三郎はこの頃から日本人移民の受入国として、ブラジルに大きな関心を向けていたのである。

ここで釟三郎が遺憾に感じたことは、在ブラジル日本領事館の日本人移住者支援の無策と冷淡さであり、日本人移住者は領事館の官吏を全く信頼していないことであった。この釟三郎の思いは、後に神戸財界が中心となって設立する日伯協会への参加や海外移住組合連合会会頭への就任、そして訪伯経済使節団団長就任へと繋がって行く。

欧州では教育事情を視察

最後はヨーロッパである。釟三郎は翌一月に英国に到着し、パブリック・スクール三校やオックスフォードとケンブリッジの学寮などを精力的に見学した。特にオックスフォード大学とケンブリッジ大学を訪れた際には、第一次大戦において多くの学生が志願して戦場に出たこと、そして一千人もの学生が国難に殉じたことを知り、釟三郎は英国の人物教育の如何なるものかを教えられ、その「ノブレス・オブリージュ」の伝統に強い感銘を受けている。

そしてフランスやドイツなどの中等教育施設などを視察して、三月にナポリ港からインド洋航路をとって大正十四（一九二五）年四月に神戸に帰国した。

東京海上専務退任

釟三郎は、ブラジルに向う航海中の船内で偶々エドワード・ボックの自叙伝を読み、そこに自分の思いと同じ「人生三分論」が書かれているのを見い出して感激する。

　これに触発されて東京海上専務退任の決意を固めた釟三郎は、大正十四（一九二五）年一月に「退任願」を各務に送付する。前回の「退職願」は先送りになったが、今回の「退任願」は受理された。そして同年四月に釟三郎の専務取締役の退任が認められることになる。釟三郎が間もなく五十九歳になろうとする時であった。

　この時会長になっていた各務は、釟三郎への感謝のしるしとして、個人で甲南学園に十万円の寄付をするとともに、釟三郎を取締役に留任させて、昭和十二（一九三七）年に釟三郎が東京海上を退職するまで、東京海上は役員報酬を支払い続けて釟三郎を支援することになる。

　平成二十八（二〇一六）年六月に甲南大学で開催された「平生釟三郎生誕一五〇周年記念シンポジウム」において、東京海上の高田博次は、各務が釟三郎を退職させずに東京海上の取締役に残したことにより、釟三郎が東京海上から得た生涯報酬は、今日で言うストック・オプションのようなものを含めて現在の貨幣価値で数十億円に上り、それが釟三郎の甲南学園や甲南病院などへの多額の寄付金の原資になったと語っている。

59歳の平生釟三郎（1925年）
（画像提供：甲南学園）

惜別歓迎会と寿像建立

大正十四（一九二五）年七月、大阪の実業家たちは、釟三郎の東京海上専務退任を惜しむとともに、教育事業を中心とした一層の社会事業に乗り出そうとする釟三郎の新たなる門出を祝福して、「惜別歓迎会」という名の晩餐会を開催した。安宅彌吉、伊藤忠兵衛、伊藤萬助、稲畑勝太郎、岩井勝次郎、岸田杢、小林一三、芝川栄助、進藤嘉三郎、関一、那須善治、野村徳七、橋本重幸、廣海二三郎、弘世助太郎、星野行則、村田省蔵ら、そうそうたる実業家が参加した。

そして釟三郎の寿像を贈ることを決定する。大國貞蔵が制作した寿像と発起人全員の署名入りの銘板は、現在も甲南高等学校の校長室に展示されている。

平生釟三郎寿像（大國貞蔵作）
（画像提供：甲南学園）

第二部

釩三郎の教育事業

第四章

拾芳会の設立と発展

奨学金給付事業の開始

時は遡るが、明治四十五（一九一二）年、釟三郎はかつて国家から奨学金を授かったことへの恩に報いるため、有為の青年に奨学金を給付する事業を個人で開始する。後に「拾芳会《しゅうほうかい》」と呼ばれる私設奨学金事業である。即ち「野に棄てられんとする秀芳を拾集して之を培養し之を保育し、他日社会国家の（あるいは人類共存の）為め有用なる材幹たらしめん」（『平生日記』大正十一年八月二十日）として設立されたのである。

当初は自分が授かった奨学金に利息を加えた五百余円を文部省に返金することも考えたが、自分の資力の範囲内で、人格・見識ともに優秀な人材を育成しようと決断したのである。その思いは次の『自伝』に見ることが出来る。

「今や我国は世界的舞台に出で、欧米に於ても富強国と轡《くつわ》を連べて馳騁《ちてい》するの境涯に立てり。然るに我国は土地狭小にして資源に乏しく…人口稠密《ちゅうみつ》なれば…工業の発達を期せざるべからず…。

無価値にも等しい原料より…有価値なるものを製産するの理化学的方法を発見するの外なし。かかる発見をなすには、純正理化学の蘊奥《うんおう》を極むるの要あり…かかる学者を養成することが国家の要務である。

余はかかる重大なる任務を献身的に尽くさんとする天稟有能の青年に学資を給し、以て国家に報謝せんことこそ、真に余の志を全うするものなり」（『自伝』三〇九頁）。

そして給費生の選定を第一高等学校の新渡戸《にとべ》

稲造校長に依頼すべく手紙を出したが、新渡戸からはその後何の連絡も無く、一年後に再度依頼するも依然としてその対応に誠意が見られなかった。釟三郎は、このような無責任な人が第一高等学校の校長をしていることに落胆した旨を『自伝』に記しているが（『自伝』三二〇頁）、思い直して、友人知人や各地の中学校校長に有能な青年の推薦を求め、その中から釟三郎自身で給費生を選ぶこととした。

「人類共存」と「報国尽忠」の理念

給費生の選択基準は、単に成績優秀で学資に困窮しているだけではなく、志操堅固、体力強健にして、世界的視野を持って国家に貢献する志を持った者でなければならなかった。給費生に選定された者が提出する誓約書の第一条には次のように書かれている。

「被給者は人類共存の主義を持し、報国尽忠の志を以て人格の修養を専らとし、品性の向上に努め其の業を励み其の行を慎み終始一貫以て大成し、給費者の志を達成することを期す可きこと」（河合哲雄『平生釟三郎』二〇六頁）。

この誓約書にある「人類共存」と「報国尽忠」の理念は、釟三郎が給費生に授けた人生指針であるとともに、釟三郎自身の信条でもあった。

人格の感化による指導

明治四十五（一九一二）年の春、釟三郎は五人を最初の給費生に選び、その後も毎年四、五人が選抜されて釟三郎の門下生として育成されることになる。

近隣の学校に通う給費生は平生家に住まわせ、毎日の寝食を共にして家族同様に扱った。遠隔地の給費生には、毎月郵送する学資に、釟三郎は必ず手紙を同封して思いを伝えるとともに、夏休みには、住吉の平生邸に集めて数日間を平生家の家族と生活を共にさせた。

年を重ねるに従って平生家に出入りする給費生は増加して、世話をするお手伝いさんも何人か抱えることとなり、負担は大きかったと思われるが、すゞ夫人は良く協力して、給費生からは母親のように慕われたという。

吉田松陰の松下村塾から何人もの優秀な人材が育ったのは、松陰が塾生と寝食を共にして松陰の優れた人格を塾生に感化させたことにある。釟三郎もそのように考えて人格的感化の指導に努めた。

拾芳会の命名と拾芳大会の開催

この釟三郎の私設奨学金事業は、やがて「拾芳会」という名称で呼ばれるようになる。

大正 8 年の第一回拾芳大会（画像提供：甲南学園）

そして最初の給費生が誕生してから八年後、全国の給費生とその卒業生からなる人々を住吉の自宅に集めた会が毎年八月に開催されることとなり、その会は「拾芳大会」と命名された。

第一回拾芳大会は大正八（一九一九）年八月に開催され、十八人の学生と六人の卒業生が参加した。釟三郎はその時の思いを次のように日記に記している。


「余が篤学の青年を広く日本全国に募りて、国家社会に貢献せしめんと企てし事業が未だ其の効果を示すに至らざるも…生気溌剌、元気旺盛なる青年が自由の思想を以て、高遠なる希望を以て、余の要望たる国家社会に貢献せんとの強き意志を以て、奮勉努力せんと互に相戒め相励まして勇往せんとして互に誓約を全ふせんと公言しつつあるは、実に余に取りて無上の愉快なり」（『平生日記』大正八年八月十日）。

拾芳会の発展

増加する拾芳会員に対応するために、大正十一（一九二二）年の夏に住吉の自宅を増築し、同年十一月には、東京小石川の平生邸内にも「拾芳寮」を完成させて在京の給費生の寄宿舎とした。

しかし学資をもらう時以外には連絡をしてこない給費生や、卒業後は疎遠になる者も目立つようになって来る。釟三郎は、拾芳大会に出席しない会員を寂しく思い、出席者においても自己の栄達しか考えない者や軽薄な現代思想に流される者、あるいは自分の将来に自信が持てずに煩悶する者がいたりして、これで本当に国家社会に貢献する青年を育成できているのかと悩むこともあった。

とは言え、その後も毎年新たな給費生を増やし続ける。毎年恒例となった拾芳大会は盛況を続け、釟三郎は政治経済の動向と日本社会が抱える問題を解説して、拾芳会員たる者は、「人

昭和３年の拾芳大会　（画像提供：甲南学園）

類共存の主義を以て国家社会に貢献しなければならない」と戒めて、深慮、正直、努力、相互協力などの訓示を与えたが、その後は余興に興じて釟三郎も落語を披露していたという。

この他にも、釟三郎は自宅にあっては給費生と共に草取りをし、時には六甲登山や野球を共にして、東京出張の際には在京の給費生や卒業生を集めて食事をするなど、人格的な交わりを大切にした。

財団法人拾芳会の設立

昭和十四（一九三九）年二月には、住吉の平生邸と債券や株券を基本財産とする「財団法人拾芳会」が設立された。釟三郎の死去によって終了するまでに給費生となった者の総数は、百六十余人に達したという。その中から学界、官界、医学界、実業界に一流の人物を何人も輩出している。

後に釟三郎の右腕としてブラジル移住者の支援活動に従事した宮坂国人、甲南病院、川崎造船所、北支経済委員会など多くの場面で釟三郎の懐刀として行動を共にした澤正治、甲南病院設立に際して医師として参集した井波錬四郎や黒川恵寛ら多くの医師、そして釟三郎の身辺の世話をし続けた弁護士の津島純平や、住友金属工業専務や大阪チタニウム製造社長を歴任し、第六代甲南学園理事長になった中川路貞治などがいる。

拾芳会その後

釟三郎の死去と戦後経済の激変によって、「財団法人拾芳会」は昭和二十四（一九四九）年に学生の養成を打ち切り、河合哲雄著の伝記『平生釟三郎』（羽田書店）の刊行を最後の事業として、昭和二十七（一九五二）年四月の理事会で解散を決議し、昭和三十三（一九五八）年に文部省の認可を得て財団法人は解散した。

残余財産である住吉の旧平生邸は、甲南病院に寄付された後に甲南学園に再譲渡された。旧平生邸は、昭和四十九（一九七四）年に取り壊されて新しい建物が建設され、甲南学園同窓会館（平生記念館）として今日に至っている。

第五章

甲南小学校の設立 参加から経営へ

甲南幼稚園・小学校の設立経緯

明治四十四（一九一一）年九月、兵庫県武庫郡住吉村（現在の神戸市東灘区）の地に、甲南幼稚園が開園し、続いて翌四十五年四月に甲南尋常小学校が開校した。

創立時の甲南小学校　（画像提供：甲南学園）

住吉村ではこの数年前から田邊貞吉（住友銀行支配人）や河内研太郎（互光商会社長）らが邸宅を建て始め、西隣りの御影町では村山龍平（朝日新聞社社主）が数千坪の土地を取得して別荘を建てた。また東隣りの本山村では久原房之助（日立銅山社長）が広大な大邸宅を築くなどして、住吉村近辺は風光明媚な郊外住宅地として注目されるようになる。

住吉村の本格的な宅地開発は、阿部元太郎（後の日本住宅社長）によって、大阪・神戸間に阪神電気鉄道が開通した明治三十八（一九〇五）年頃から進められ、大阪や神戸の財界人がこの地に多く移り住み始めるようになる。

釟三郎がこの住吉村に転居した翌年の明治四十三（一九一〇）年の春、同じく相前後して近隣に転居してきた弘世助太郎（後の日本生命社長）がやってきて、幼稚園と小学校を設立するための協力を求めてきた。

この地区に転居して来た新しい住民の間で、その子女を教育するための学園を設立する機運が高まり、その計画が動き始めたのである。もとより教育事業に関心があった釟三郎は喜んで引き受けたが、まだこの時点では新学園、つまり甲南学園の設立発起人の一人に過ぎなかった。

甲南幼稚園・小学校設立の主導者は、文書記録では定かでないものの、最初にこの地に邸宅を築いた田邊貞吉【4】と、この地の宅地開発を進めた阿部元太郎【5】の二人である可能性が高い。

田邊は、財団法人甲南学園（幼稚園と小学校）の初代理事長に就任しており、この学園の名称を甲南学園とした経緯も、田邊が使っていた雅号である「甲南」を用いたという説が有力である。阿部は、初代会計理事に就任して、校舎建設など学園の設立を主導し、何よりも住吉村宅地開発を手掛ける最大の利害関係者であった。

そしてこの二人の背後に久原房之助【6】がいる。久原は発起人や理事には名を連ねていないが、三人の子女を通わせるための幼稚園・小学校を必要としており、自分が権利を持つ住吉村村有地の地上権を学園の校地として無償提供するとともに、校舎建設資金一万円の内の三千円を寄付して、設立時における最大の出資者となって学園の設立を後押しした。校舎建設においても、久原は二楽荘の古材を提供して久原家建築部が施工した。

【4】田邊《たなべ》 貞吉《さだきち》

弘化四（一八四七）年〜大正十五（一九二六）年。沼津藩士田邊直之丞（四友）の長男。

東京府師範学校校長、住友銀行初代支配人、住友合資会社理事、共同火災社長などの取締役や監査役を歴任。初代甲南学園理事長、初代甲南学園私立甲南中学校理事長、初代甲南学園甲南高等女学校理事長。

阪神・淡路大震災まで残っていた旧邸は武田薬品の京都薬用植物園に移築され、現在一般公開されている。

【5】阿部《あべ》 元太郎《もとたろう》

出生年不詳〜昭和十九（一九四四）年。

近江（滋賀県）能登川出身。金巾織物（後の東洋紡績）や近江銀行の創業者の一人である阿部市郎兵衛の一統。住吉村の宅地開発者で後に日本住宅社長となり、宝塚市の雲雀丘でも宅地開発を手掛けるが、ここでも阿部が中心となって「白鳳倶楽部」という社交クラブが造られ、また地域住民とともに「雲雀ヶ丘学園小学校（現在の学校法人雲雀丘学園とは無関係）」を設立している。これは観音林倶楽部や甲南小学校を設立した住吉村の宅地開発の手法と酷似している。

【6】久原《くはら》 房之助《ふさのすけ》

明治二（一八六九）年〜昭和四十（一九六五）年。

山口県萩市出身。東京商業学校を経て慶應義塾本科を卒業。日立製作所、日産自動車、日立造船、日本鉱業の源流である久原鉱業所（日立銅山）を経営し、久原財閥の総帥として「鉱山王」の異名を取った。

当時住吉川東岸に三万坪の豪邸を構え、山麓に立地する二十四万坪の二楽荘も手に入れていた。その後田中義一内閣の逓信大臣や立憲政友会（正統派）総裁等を歴任。藤田財閥創始者の藤田伝三郎は伯父。日産コンツェルン創始者の鮎川義介は義弟。

甲南幼稚園と小学校の開設に続いて、社交クラブである観音林倶楽部も設立される。ここでは、甲南学園、灘購買組合、甲南病院などの、住吉村のインフラ造りが熱心に話し合われ、単なる社交クラブの枠を超えて、地域振興を話し合う場でもあった。また、大正九（一九二〇）年には阪神急行電鉄（現在の阪急電鉄）も開通し、さらに多くの大阪、神戸の実業家たちが、この地に居を構えるようになって行く。

甲南小学校廃校の危機

甲南幼稚園の設立に際しては、田邊貞吉、阿部元太郎、才賀藤吉（才賀電機商会）、弘世助太郎、平生釟三郎、小林山郷（小児科医）、野口孫市（住友本社建築技師長）、生島永太郎（大阪保誉院設立者）、岸田杢（日本生命専務）、山口善三郎（第三十四銀行支店長）、中島保之助（鉄鋼問屋社主）の十一人が発起人となり、四十四名の園児が集まって順調にスタートした。尚、静藤治郎（後の足立石灰工業創業者）を加えた発起人十二人説もある。

しかし甲南小学校の設立に際しては、その発起人は田邊、阿部、才賀、弘世、小林、野口および釟三郎の七人だけとなり、校舎建設資金の寄付者又は寄付金募集責任者となった人は、久原、田邊、才賀、阿部、生島、弘世、静および釟三郎の八人であり、財団法人甲南学園の設立者に名を連ねた人は、田邊、阿部、才賀、小林、野口および釟三郎の六人だけにとどまった。

そのためか、甲南小学校開校時の新入学児童は僅か十二人しか集まらなかった。多くの甲南幼稚園卒園児の父兄は、進学校として定評のあった兵庫県御影師範学校附属小学校（その後幾多の変遷を経て神戸大学付属住吉小学校となったが、二〇〇九年に兵庫県明石市に神戸大学付属小学校が開校されたことにより、この住吉小学校は二〇一四年に閉校した）や、住吉や御影の公立小学校への入学を選んだのである。

開校二年目も甲南小学校入学者は十五人しか集まらず、収支は二年続きの赤字で、校地の一部を転貸又は売却して凌ぐも、大正二（一九一三）年冬になると資金も底をつき、経営の行き詰まりが目に見えてくる。

再三理事会で協議するも名案はなく、当初からの協力者であった弘世と静が離れ、続いて田邊理事長の右腕の野口理事と会計理事の阿部までもが理事を辞任して去って行く。そして大正三（一九一四）年二月の理事会に於いて、遂に田邊理事長から「廃校も已むなし」という方針が提議される事態に陥った。

甲南小学校を背負って立つ決断

しかしこの時、それまでは一発起人にして一理事に過ぎなかった釟三郎が、これを積年の理想の学園建設を実現する好機と考えて、「之を小生に一任せられんことを求む」（『自伝』三一八頁）と言って全理事の承認を取り付け、釟三郎の主導の下に甲南小学校の再建が進められることになる。

この決断が釟三郎をして自他ともに認める甲南学園の創立者に押し上げて、その後の甲南中学校そして甲南高等学校の設立へと繋がって行く。

釟三郎の動きは速かった。早速、甲南幼稚園・小学校設立時の最大の出資者であった久原房之助に頼んで、向こう三年間の学園運営不足金の半分を負担してもらうという支援を取り付ける。そして残りの半分は、田邊、才賀、小林、釟三郎、および財団法人設立の一ヶ月後に和田豊に代わって理事に就任した進藤嘉三郎【7】の五人の理事が分担する協定をまとめ上げた。

釟三郎は久原に理事就任を要請し、久原は理事になることを固辞したものの、自分の代理人として中西繁松を甲南学園の理事に送り込んだ。

和田豊は、当時の御影師範学校校長であるが、甲南学園の創立に当っては、その夫人和田れんを初代甲南幼稚園長に、そして御影師範学校訓導の荻野立朗を初代甲南小学校長に就任させ、自身も甲南学園設立当初の理事に一ヶ月間だけではあるが就任しており、甲南幼稚園・小学校設立時の和田の協力には大きいものがあったと言える。

【7】進藤《しんどう》 嘉三郎《よしさぶろう》
明治六（一八七三）年～昭和二十一（一九四六）年。大阪府出身。
大阪高等商業学校（現在の大阪公立大学）卒業後、洋酒食料品缶詰雑貨商を営む。
甲南小学校の理事を長年務めて、同小学校草創期の財政困難時には校地の一部を借地して借地料を支払うなどの財政支援をした他、平生に寄り添って学園を支え続けた。甲南学園第七代理事長を務めた進藤次郎は嘉三郎の子息。

甲南学園の建学理念の再定義

甲南学園の経営が、田邊・阿部体制から平生釟三郎体制になるに際して、釟三郎が最初に取組んだのは甲南小学校の建学理念の再定義である。

設立当初の甲南幼稚園・小学校には、「住吉村住宅地住人の子女を通わせるに相応しい幼稚園・小学校を作りたい」という以外には明確な建学理念がなかったためである。

釟三郎は、甲南小学校の建学理念を、「児童全員が上級学校に進学することを前提とする学校であること」、そして「心身ともに健康な人格教育をする学校であること」を明確にした。したがって甲南小学校では、教師は自分が担任する学級児童のみならず、全ての教師が全校児童一人一人に向き合って個性に応じた教育を施すことが出来るように、一学年一学級のみ、学級定員も三十名に抑えて、全校児童数も百八十名の小規模な小学校とした。

第三代校長に堤恒也を招聘

釟三郎が次に取り組んだのは、優秀な教員の招聘である。初代校長は二年余、第二代校長は僅か八ヵ月で退任して、教員人事は安定しなかった。その最大の原因である教員の待遇を改善すべく、釟三郎は久原から一万円の寄付を得て教員優待基金を整えて、兵庫県視学にこの建学理念に賛同する校長の派遣を要請した。

そして大正四（一九一五）年七月、新たに第三代校長として迎えたのが、当時今津尋常高等小学校校長をしていた堤恒也【8】であった。堤は成蹊学園の創立者中村春二の教育理念に共鳴し、それを実践できる新天地を探し求めていた教育改革者であり、正に釟三郎が求めていた人物であった。

堤はその後二十八年間の長きに亙って校長を務め、また優秀な教員を集めて甲南小学校の基礎を築くことになる。

【8】堤《つつみ》 恒也《つねや》

明治六（一八七三）年〜昭和三十三（一九五八）年。先祖は津山藩の士族。

浅野家改易後、西江原藩主森長継に従って赤穂に入り、千種川の堤防工事の功績により、堤姓を名乗るようになる。

兵庫県尋常師範学校卒業後、幾つかの兵庫県下の小学校訓導を歴任して、明治四一年に今津尋常高等小学校校長を務め、今津小学校では、体育は徳育に通じると考えて体育教育に熱心に取り組み、大正四年の兵庫県下小学校児童徒歩大会（体育大会）においては、尋常科、高等科ともにリレー競争で優勝を飾っている。

その後大正四年から昭和一八年まで甲南小学校長を務め、その後名誉校長。

三つ目は学園施設の拡充である。児童の保護者を中心に寄付金を募り、一時売却していた校地を買い戻して校庭を拡張して、校舎の増築と教具を整備した。そして堤校長の教育方針への期待とも相俟って学園の評判は高まり、早くも大正五（一九一六）年四月の入学希望者は劇的に増加して、学校経営は安定の目処《めど》が立つようになる。

　そして大正五（一九一六）年十一月に開催された創立五周年記念式において、初めて甲南小学校の建学の理念が自信を持って語られることとなる。当時の田邊理事長は次のように述べている。

　「官立公立の小学校の教育は、画一的で一学級に数十人もの多数を収容し、また小学校卒業後直ちに実務に就くことを前提としているため、我々の考えと隔たりがある。

　本小学校は、小学校卒業後も中学校、高等学校に進学することを前提に、一学級定員を三十名以下の小人数に定め、個性に応じた教育をすることとして設立した。

　また我々の子弟は（温室育ちのため）身体強壮でない者が多く、そのような子どもを多人数の学校に入れることは好ましくない。これも本学園を起こした理由でもある」（『甲南小学校要覧』七三〜七五頁の要約）。

釟三郎と堤の成蹊学園との関係

　釟三郎と成蹊学園の創立者である中村春二【9】との接点は、大正三（一九一四）年に遡る。長男太郎の中学校進学に際して中村と面談した釟三郎は、その教育理念に大いに共鳴して、太郎を成蹊中学校に入学させている。

　堤校長と中村との接点は、今津小学校長時代の大正二（一九一三）年に、研修で成蹊学園を訪れた時に始まり、感動した堤はその後も再度中村を訪問して教えを受けている。

堤が甲南小学校校長に就任直後に発表した「校是・目標」には、「健康増進」、「少人数教育」、「個性尊重」、「質実剛健」、「社会国家への奉仕」が謳われて、これは堤の教育理念であるとともに、成蹊学園の中村春二の教育理念にも通じるものであり、まさに釻三郎が期待したとおりのものであった。

【9】中村《なかむら》 春二《はるじ》

明治十（一八七七）年〜大正十三（一九二四）年。国文学者で御歌所寄人もつとめた中村秋香の長男。東京帝大を卒業して東京高師附属中学校（現在の筑波大学付属中学校）教員を務めた後、人物教育を志して自宅で学生塾「成蹊園」を開く。中学校時代からの友である、今村銀行頭取の今村繁三と、後に三菱財閥四代目総帥となる岩崎小弥太の支援を得て、明治四十五年に成蹊実務学校を創立し、順次成蹊中学校、同小学校、同実業専門学校、同女学校を開設。

凝念法（静坐の一種）などを取り入れた僧堂教育に基づく新しい教育理念を掲げ、「大正自由教育」と呼ばれる運動の中で、その先駆者として活躍。旧制成蹊高等学校は中村の死後岩崎らの支援によって大正十四年に設立された。

甲南小学校と成蹊小学校との親密な交流

甲南小学校と成蹊小学校は、大正六（一九一七）年から同十三（一九二四）年頃にかけて親密な交流をしている。記録が辿れる限りでは、大正六年と七年に成蹊学園の中村春二と小瀬松次郎、大正八年に三浦修吾、大正十一年と十三年には奥田正造が甲南小学校で講演をしている。また、大正八年から九年にかけての成蹊学園の学園報『小鳩』には、「甲南学園だより」又は「甲南小学校だより」が三回掲載され、甲南小学校教員稲垣伊之助の寄稿文「成蹊学園と甲南学園」や甲南小学校児童の作文『大阪ことば』も掲載されている。

このように初期の甲南小学校は、成蹊小学校との親密な交流を通じて、少人数教育、長期の夏期学校、教師と児童の親密、鍛錬主義、遠足・作業の重視など、多くの類似した教育が行われていた。そして甲南小学校では、成蹊が行っていた凝念法や心力歌の教育こそ行われなかったが、堤が前任の今津小学校で実施していた、駆け足や徒競争などの体育教育が盛んに行われた。

その後甲南小学校に赴任して来た稲垣伊之助や浜野茂ら、甲南学園の理念に共鳴する教員によって、作文教育や水泳教育などが付加され、甲南小学校の伝統が築かれて行く。堤校長の体育教育の成果は、大正十一（一九二二）年の県下尋常小学校女子リレー大会で、甲南小学校が出場三十一校の中で優勝を飾ったことが証明している。

断食研修会

大正六（一九一七）年一月、釟三郎と堤校長は、成蹊学園が実施している断食修行を、甲南小学校の児童にも体験させようと考えて、元西本願寺法主大谷光瑞の別邸で、当時は久原の所有となっていた二楽荘を会場に、先ずは教員と父兄を対象とした断食研修会を開催した。成蹊学園からは、学園長の中村春二、同小学校長の小瀬松次郎ら五人が招かれ、甲南小学校からは、釟三郎と堤校長以下の全教員と、父兄および近隣の教育関係者ら総勢七十人が参加した。

この時の釟三郎の教育にかける情熱は、『平生日記』に次のように記されている。

「成蹊小学校及甲南学園は東西に於ける小学教育の革命者として互に気脈を通じ、互に切磋琢磨して新教育の理想を実顕し、形式教育に心酔して其弊を感ぜざる文部当局及其他の教育家の迷夢を覚ましめ、将来我々が理想とする意義ある徹底せる小学教育を実顕せん為め、奮闘努力を怠らざることを誓へり」(『平生日記』大正六年一月十日)。

このように釖三郎は、甲南小学校の経営に本格的に関わるようになって、現在の日本の教育は、知育一辺倒の詰込主義に偏って立身出世を煽るばかりで、利己主義が社会に蔓延するようになり、教育本来の人間教育あるいは人格教育がなおざりにされているという認識を新たにする。そしてこのような日本の教育の現状を変革しなければならないという考えを強く持つようになり、それは甲南学園や成蹊学園のような私学によってしか出来ないと考えて、教育事業を自分の第一の使命に定め、甲南小学校の育成に続いて甲南中学校、高等学校の設立に邁進することになる。

旧制甲南中学校・高等学校の設立

甲南中学校の設立

甲南中学校の設立は、大正七（一九一八）年の甲南小学校第一期生卒業を控えて、その前年から理事の間で検討され始め、ここでも釟三郎は久原からの資金提供を期待していたが、なかなか進展しなかった。

その時、海運業で財を成した河内研太郎【10】から、久原の支援を待たずとも自分が協力するとの申し出が来る。そして河内研太郎、千浦友七郎、四本萬二、岡見祐吉（以上互光商会）、山下亀三郎（山下汽船）、安宅彌吉（安宅商会）、岩井勝次郎（岩井産業）、伊藤

設立当初の甲南中学校　（画像提供：甲南学園）

【10】河内《かわち》　研《けん》太郎《たろう》

文久元（一八六一）年〜昭和七（一九三二）年。佐賀県出身。互光商会社長、新在家造船所社長、海員協会専務理事、睦実践女学校の創立者。同女学校は昭和十八年に住吉村に移譲されて、翌十九年に名称を住吉学園に変更して、住吉女子商業学校が開設された。

同女学校は昭和二十三年に閉鎖されたが、法人組織は存続して、住吉村と神戸市との合併に際しては村有財産の受け皿法人となり、現在は育英事業や幼稚園を運営をする一般財団法人住吉学園となっている。

忠兵衛【11】らの寄付と協力を得て、中学校設立の動きが一挙に進展する。

　この時釟三郎は、当時ニューヨークに滞在していた伊藤忠兵衛に米国の中高等学校と大学の調査を依頼した。伊藤は苦労して多くの高等学校と大学を回り、集めた分厚い資料を釟三郎に提出したが、釟三郎はその資料そっちのけで滔々と自身の教育論を弁じたという。

　計画が動き出して間もなく、久原から三十万円の寄付申出の連絡が入る。更に将来大学を開設する際には、二楽荘【12】の地所を提供するとまで言って釟三郎を感激させる。

　甲南中学校の校地はいくつか検討されたが、最終的には伊藤忠兵衛が勧めた二楽荘の南隣の地所を購入することが決定された。校舎は、久原が所有する二楽荘内の旧武庫中学校建物の古材を利用して建築された。初代校長には、釟三郎が神戸商業高校の校長を務めていた時期に、姫路中学校（現在の兵庫県立姫路西高等学校）校長を務め、当時は静岡市長の職にあった小森慶助を招聘することになった。

　大正七（一九一八）年十二月、甲南中学校は財団法人甲南学園私立甲南中学校として設立認

【11】伊藤《いとう》 忠兵衛《ちゅうべえ》

明治十九（一八八六）年〜昭和四十八（一九七三）年。滋賀県出身。

初代忠兵衛の次男。初代が創業した呉服織物商および貿易商を発展させて、伊藤忠商事と丸紅という二つの総合商社の基礎を築いた。

この間、呉羽紡績（現、東洋紡）を設立し、また「カナモジ会」の創立委員としてカタカナの使用や漢字の簡略化運動にも参加。甲南学園では大正八年から昭和四十四年まで理事を務めるとともに、昭和三十二年から昭和四十四年まで理事長を務めている。甲南小学校の理事（昭和十一〜四十四年）も務めた。

可を受け、翌大正八年四月に、五十五人の新入生を迎えて甲南中学校が開校した。この時甲南小学校は、その法人名を財団法人甲南学園から財団法人甲南学園私立甲南尋常小学校に改称している。

【12】二楽荘《にらくそう》

明治四十（一九〇七）年、兵庫県武庫郡本山村の山麓に、浄土真宗本願寺派（西本願寺派）第二十二世法主大谷光瑞が建設。総面積二十四万坪の広大な敷地に、山頂に白亜殿、中腹に二楽荘本館、山麓には西本願寺系の武庫中学校があり、三本のケーブルカーが設置された。

二楽荘では、明治四十一年から三次に亙ってシルクロードを探検した大谷探検隊の収集品の整理研究が行われ、収集品の公開展示も行われていた。

武庫中学校は明治四十四年に西本願寺系寺院の子弟教育のための中学校として開校されたが、お家騒動により光瑞が失脚して大正四年に廃校になり、生徒と教員は第三仏教中学校（現在の龍谷大学付属平安中学校・高等学校）などに転じた。

大谷探検隊収集物も競売に付されて、中国大連や朝鮮京城にも運ばれた。そして二楽荘の敷地と建物は大正五年に久原房之助が購入したが、その久原も大正恐慌で巨額の損失を出して敷地は人手に渡る。また建物は昭和七年に不審火で焼失した。

甲南学園が久原から譲り受けた一部の建物と敷地は、昭和五十年まで甲南大学が使用した。

二楽荘本館と甲南生　（画像提供：甲南学園）

翌五月には財団法人設立者総会が開かれて、田邊、久原、伊藤、千浦、河内、四本、安宅そして釟三郎の八人が理事に就任し、初代理事長に田邊を選出した。

甲南高等女学校の設立協力

甲南高等女学校の設立問題は、大正七（一九一八）年六月の甲南中学校創立準備委員会の席上で話題になったが、「二兎を追ふの恐れあれば先以て中学校の設立が先決」ということになって先送りとなった。しかし釟三郎は、同年八月に甲南小学校の堤校長とともに魚崎町の女学校建設予定地三千坪の検分をして、通学至便で環境良好との判断を下し、敷地の買収をして開校の準備を進めた。

そして大正八（一九一九）年四月、甲南中学校第一回入学式後の理事会で女学校設立が提議され、安宅彌吉【13】が中心となって進めることを決定した。釟三郎は、今後の甲南高等学校設立構想を含めて甲南中学校の経営に多忙であったため、女学校の設立は、その熱心な提唱者であり、財力もある安宅に任せることにした。

初期の甲南高等女学校　（画像提供：甲南学園）

甲南高等女学校は、財団法人甲南学園甲南高等女学校を法人名とし、理事長には甲南小学校と甲南中学校理事長の田邊貞吉が兼務することになり、校長も甲南中学校校長の小森慶助が兼務することになった。

また、上林英太、大河原寿、寺沢英一郎、野崎恵、松本従之、川口源司ら甲南中学校教員が授業の応援をし、甲南小学校からは武山真左雄が甲南高等女学校の書記兼教員として転籍して、大正九年（一九二〇）四月に晴れて甲南高等女学校が開校した。

設立直後は校舎未完成のため、一年間は甲南幼稚園の教室を間借りしたが、大正十（一九二一）年九月に新校舎が本山村に竣工した。同年に校長は小森から今西嘉蔵に代わり、大正十二年（一九二三）には福山高等女学校（現在の広島県立福山葦陽高等学校）校長を務めていた表甚六が第三代校長（初代専任校長）に就任し、以降二十二年間在職して甲南高等女学校の基礎を築くことになる。

【13】安宅《あたか》　彌吉《やきち》

明治六（一八七三）年～昭和二十四（一九四九）年。石川県金沢市生まれ。

高等商業学校卒業後、日本海陸保険や日下部商店を経て、安宅産業を設立して社長を務める。その間に大阪毛織社長、大阪商工会議所会頭、南満州鉄道監事などを歴任。

甲南中学校の設立に際しては、理事に就任して平生釟三郎に協力し、大正九（一九二〇）年に甲南学園甲南高等女学校（後の甲南女子学園）を創立。

鈴木大拙のパトロン的存在としても知られ、大拙が北鎌倉東慶寺の井上禅定と共に発願した日本有数の仏教文庫である松ヶ岡文庫の設立にも尽力した。

甲南高等学校の設立に至る苦難

大正九（一九二〇）年三月、甲南中学校理事会は、その前年度に公布された改正高等学校令を踏まえて、中学校課程を高等学校に包摂した尋常科四年高等科三年の七年制高等学校を、四年後の大正十二（一九二三）年に開設することを決議した。

大正七（一九一八）年の改正高等学校令によると、高等学校は官立、公立又は私立とする（第二条）、高等学校の修業年限は七年とし高等科三年尋常科四年とす。高等学校は高等科のみを置くことを得（第七条）、とされて、ここに初めて私立の高等学校設置および中高一貫の七年制高等学校の設立が認められることになった。

釟三郎は、将来の大学設立をも視野に入れた総合学園建設のため、久原、伊藤、安宅および釟三郎の四人が毎年三十万円を六年間拠出して、百八十万円を積み立てる計画を進めようとした。しかし、第一次大戦後の戦後復興需要を当て込んで活況を呈していた日本経済は、大正九（一九二〇）年三月の突然の株価暴落で変調に転じる。大正の恐慌である。

綿糸や生糸、銅の相場は半値以下に暴落し、銀行の取付け騒ぎも続出した。船成金の山本唯三郎、神戸の鈴木商店、久原財閥、高田商会、吉河商事など、大戦時に事業を拡大した企業の多くが破綻し、伊藤忠商事も一時苦境に陥った。大学設立どころか高等学校設立も怪しくなったのである。

何度も理事会で協議した結果、先ずは甲南中学校の存続を最優先して、講堂と特別教室の増築に絞れば必要資金は二十万円で済むことがわかり、釟三郎と安宅および野村徳七（大阪野村銀行）の三名が各五万円を拠出し、また先に寄付のあった岩崎久彌（三菱財閥）の二十万円を元手に購入していた債券の売却益七万円をもって充当することとした。

しかし大正十一（一九二二）年になると、父兄から高等学校開校の要望が高まってくる。その時、まだ経済的苦境にあった伊藤忠兵衛が、毎年五千円の寄付を申し出て背中を押したため、釟三郎は高等学校の開校を決断する。また、父兄の中からも長尾良吉（鐘紡社長）が中心となって、一口一千円の寄付金拠出運動が始まり、久原も一万五千円の寄付を約束したのであった。

甲南高等学校の設立

甲南高等学校は、大正十二（一九二三）年一月に七年制高等学校設立認可を得て、同年四月に開校した。尋常科は四月十六日に、高等科は五月一日に入学式を挙行した。そして甲南中学校は発展的に閉校した。

設立当初の甲南高等学校全景　（画像提供：甲南学園）

法人名については、将来は幼稚園から大学までの総合学園に発展させることを視野に入れて、甲南学園私立甲南中学校から甲南学園に変更することが決定された。この時甲南学園私立甲南尋常小学校との合併も検討されたが、別法人のままの方が寄付金募集上は都合が良いと判断されて、合併は見送られた。

七年制高等学校への期待

七年制高等学校は、大正十一（一九二二）年に設立された東京高等学校（官立）と台北高等学校（官立）および武蔵高等学校（私立）に始まり、同十二年の甲南高等学校（私立）、同十三年の富山高等学校（公立）、同十四年の成蹊高等学校（私立）、同十五年の浪速高等学校（公立）と成城高等学校（私立）、そして昭和四（一九二九）年の府立高等学校（公立）と続き、台北高等学校を含めて全国では九校が設立された。

この七年制高等学校の出現は、受験勉強に邪魔されずに人格教育に重点を置いた七年間の一貫教育ができるとして、釟三郎はこれが全国に広がることを期待した。

しかし、一高を始めとする官立高等学校は、三年制の高等学校のまま従来の制度を踏襲し、学習院（官立）は、中等科五年高等科三年の八年制高等学校として、従来の中学校五年、高等学校三年の学制にも対応できる形を採った。そして全国に多数ある中学校や専門学校においても、七年制高等学校に改組する学校は少なく、釟三郎が期待したほどには全国に広がらなかった。

甲南大学設立構想の行方

甲南高等学校設立以降、大学設立についての話は釟三郎の口からは出てこなくなる。第一次大戦後の恐慌によって、久原房之助、河内研太郎、伊藤忠兵衛らの事業が苦境に陥ったことが最大の要因であるが、その間にあっても釟三郎は、後に述べるように、苦労をしつつも昭和初期には百万円近い資金を集めて甲南病院を設立しており、このバイタリティーを以てすれば大学建設も可能であったかもしれない。

しかしひとつには釟三郎の関心が、教育事業だけではなく多岐の社会事業に向って行ったこと、もうひとつは当時の帝国大学の入学者定員は高等学校卒業者数を上回っており、高等学校卒業生の大半は選ばなければ何れかの帝国大学に入学することが出来たため、生徒や教員からの甲南大学設立意欲は高まらなかったという事情もある。

実際に昭和元（一九二六）年から同二十年までに開設された私立大学は、東洋大学、上智大学、関西学院大学、興亜工業大学（現、千葉工業大学）、大阪理工科大学（現、近畿大学）の僅か五校に止まっており、甲南と同様に、武蔵、成蹊、成城および学習院においても、大学の設立は戦後の学制改革によってのことである。

甲南学園理事長に就任

大正十五（一九二六）年一月、甲南三学園の初代理事長の田邊貞吉が死去したことに伴い、釟三郎は甲南小学校と甲南学園双方の理事長に就任した。釟三郎五十九歳の時である。

甲南高等女学校の後任理事長についても釟三郎に就任要請があったが、自分は甲南高等学校に専念する必要があることを理由に挙げ、また同女学校設立の経緯を考えれば、安宅彌吉が理事長に就任するのが順当であるとして、釟三郎はその就任要請を固辞した。

甲南高等学校校長に就任

時は少し下った昭和八（一九三三）年一〇月、

釻三郎が甲南高等学校の校長に就任せざるを得ない事態が発生する。同校の校長は、大正十三年六月に小森から丸山環に交代したのであるが、この丸山校長に対して、教員と生徒による排斥運動が巻き起こったのである。

この頃釻三郎は、甲南学園、甲南小学校、甲南病院の理事長を務めるとともに、東京海上、明治火災、大正海上、扶桑海上、大福海上、豊国火災、朝日毛糸の取締役、並びに三菱信託、呉羽紡績、東洋毛糸の監査役、そして兵庫県教育会長、自由通商協会常務理事、海外移住組合連合会会頭兼理事長をしており、更には、半年前から川崎造船所の社長に就任しているという極めて多忙な時期であったが、後任校長を探す余裕のない急な交代であったため、覚悟を決めての校長就任であった。

白亜城事件

この頃の日本は、満州事変や五・一五事件が起こって軍部の独断専行や右翼テロが目に余るようになり、民主主義への逆風が強くなってくる。

こうした中、昭和九（一九三四）年に、甲南高等学校でも九人の生徒が共産主義思想の嫌疑を受けて検挙されるという事件、すなわち甲南高等学校の立派な校舎をもじった「白亜城事件」が発生する。前年の昭和八（一九三三）年に京都帝大で起きた「滝川事件」を受けて、瀧川幸辰教授の休職・免官に反対する運動が京都帝大で起こり、全国の大学や高等学校に波及して来たのである。

この時の甲南高等学校同窓会誌が京大事件特集号を発行し、京大に進学した卒業生の活躍記事を掲載したことが検閲に掛った。驚いた釻三郎は、自ら警察や検事局に出頭して早期釈放に成功したが、釻三郎は起訴された一人を除き、これら生徒を退学処分にはせず、説諭を加えたのみでその後の登校を許した。この寛大な措置は校内でも異論が出たが、やがてそれは称賛に変わったという。

もっとも釟三郎は共産主義思想には反対しており、甲南高等学校ではマルクス主義の講義や研究を禁止した。大学生は既に批判能力を身に付けた大人であり、学問研究の必要に応じて研究すれば良いが、高校生は未だ批判能力が確立していない子供であるため、そのような子供に日本の国情に反する共産主義思想を教えることは、学校として無責任であると釟三郎は考えていたからである。

校長代理・校長事務取扱任命の綱渡り

このように、釟三郎は多忙な中にあっても校長を務めていたが、昭和十（一九三五）年四月に、訪伯経済使節団団長としてブラジルに長期出張することになり、教頭の神田正悌を校長代理に任命し、神田とともに生徒主事の大倉本澄、教務課長の高間定教、庶務課長の岩﨑孫八の四人が協力して高等学校を運営することになった。

同年十月に釟三郎はブラジルから帰国して校長に復帰するが、その半年後の昭和十一年四月には文部大臣に就任することになり、法律上、校長を兼務することが認められないため、校長を辞任して教頭の神田が校長事務取扱に就任した。

文部大臣退任後の昭和十二（一九三七）年二月、釟三郎は再び校長に復帰したが、ようやく昭和十三（一九三八）年六月に保々隆矣を校長に迎えて、釟三郎は校長職から離れることができるかと思われた。しかしその保々校長は、教員一同から弾劾書を突き付けられて一年を待たずに退職して、釟三郎は再び校長に就任せざるを得なくなる。

天野貞祐校長の就任

その後も釟三郎は、後に述べるように、北支最高経済顧問や日本製鉄会長という要職に就くことになり、極めて多忙な身であったが、過去に丸山校長の排斥運動や保々校長の弾劾事件があったため、新校長の招聘には極めて慎重であった。しかし昭和十五（一九四〇）年に、釟三郎は大日本産業報国会会長に就任して益々多忙になったため、後任校長の人選を急ぐことになった。

そこで浮上してきたのが京都帝大教授の天野貞祐【14】である。天野は著名なカント学者であり、日本の国体を無視して西洋哲学を生徒に注入する類の学者であるかも知れず、また氏の著書『道理の感覚』が、軍部と軍国主義に対する批判が含まれているとしてマスコミから糾弾されて、自主絶版を余儀なくされるということがあったため、右翼からの非難やこれを心配する教職員、父兄が不安を抱くのではないかという懸念があったが、釟三郎としてはこれ以上後任校長の人選を引き延ばすことはできなかった。

【14】天野《あまの》 貞祐《ていゆう》

明治十七（一八八四）年〜昭和五十五（一九八〇）年。神奈川県出身。

独協中学校、一高、京都帝大卒業。七高、学習院教授、ドイツ留学を経て京都帝大教授、甲南高等学校校長、第一高等学校校長、文部大臣、獨協大学初代学長などを歴任。日本学生野球協会会長にも就任して一九七三年には勲一等旭日大綬章とともに「野球殿堂」表彰も受けている。

カントの『純粋理性批判』の日本初の完訳版を刊行。一九三七年の著書『道理の感覚』が軍部批判にあたると糾弾され、自主絶版となったが、この著で天野は「学問を通じての人間形成」あるいは「知育に基づく徳育」を提唱した。

校長就任を要請された天野は、京都帝大を定年退職するまで就任を待って欲しいと希望したため、当面は昭和十六（一九四一）年一月に週三日勤務の校長顧問に就任した。そして昭和十九（一九四四）年十一月に京都帝大を定年退職した天野は、甲南高等学校の第七代校長に就任し、釟三郎はようやく校長の重責から退くことができたのであった。

しかしながら、天野校長の就任は必ずしも甲南高等学校の発展につながることはなく、むしろ新しい混乱を引き起す事態になるのであった。そのことについては終章で説明する。

第七章

釟三郎の教育理念

釟三郎の教育理念

ところで釟三郎の教育理念は如何なるものであろうか。大正十五（一九二六）年四月に行われた甲南高等学校第一回卒業証書授与式において、釟三郎は次のように述べている。

「人格の修養、健康の増進を第一義とし、個性を尊重して天賦の特性を啓発すべき知育教育を施さん」（『平生日記』大正十五年四月十一日）。

人格の修養

釟三郎の教育理念の真髄は「人格の修養」である。それは自主自立、勇気、勤勉、人類共存、社会国家への奉仕という、高い徳と幅広い見識を持った人物の育成にあった。帝国大学を卒業した官僚が汚職事件を起こし、高学歴の大企業社員は同業者同士の足の引っ張り合いをするばかりで国益を考えず、また多くの実業家も金儲けには熱心だが国家社会への奉仕には無関心であることを釟三郎は憂慮し、その原因は学校教育が画一的知識注入主義に堕して、徳育を軽視していることにあると考えた。

釟三郎はそのような教育の現状を改革したいという思いが高じるようになり、そのためには中等教育における人格重視の教育が最も重要であると考えて、大正から昭和初期にかけて、様々な機会を捉えて次のように述べている。

「中等教育は…精神の修養、身体の鍛錬に一番必要な大事な時期だ。この時期に、精神の修養、身体の鍛錬をしなかったならば、青・壮年になって、身体の弱い者、根性の曲がったものを直そうとしても、なかなかむずかしい」（新版『私は斯う思う』三十七頁）。

「自分の知能、健康を増進し、運命、環境の開拓に努力し、つとめて利己的たるを避け…相互に扶助するという精神がなくては、社会の成立は困難である」（前掲書一〇六頁）。

「知識を有し、見識を有し、健康を有する人間が、自ら働いて自ら生きて行く心を失うということは、これ以上の恥辱はない。…必要なことは、人間として己の価値を知り、己の尊さに目ざめることだ…自らを尊び、自らの人生を愛し敬う心の振興は、今日もっとも必要である。人間完成への第一の出発点はここにある」（前掲書　二十一頁）。

伝統道徳と西洋道徳の融合

釱三郎は明治第一世代の人であり、「修身斉家治国平天下」や「仁義礼智信」といった儒教道徳、あるいは「だまし討ちは武士の恥」や「正義、勇気、仁心、堅忍」といった武士道精神を色濃く持っていた人であったが、この「運命、環境の開拓」というチャレンジ精神や、「自ら働いて自ら生きて行く心」という自主自立の精神には、釱三郎が愛読したスマイルズの『自助論』（Samuel Smiles 著『Self-Help』、邦訳は中村正直、訳書名『西国立志編』）の影響が見られる。

また「人間として己の価値を知り、己の尊さに目ざめること」や「自らを尊び、自らの人生を愛し敬う心」ともいっているが、これはカン

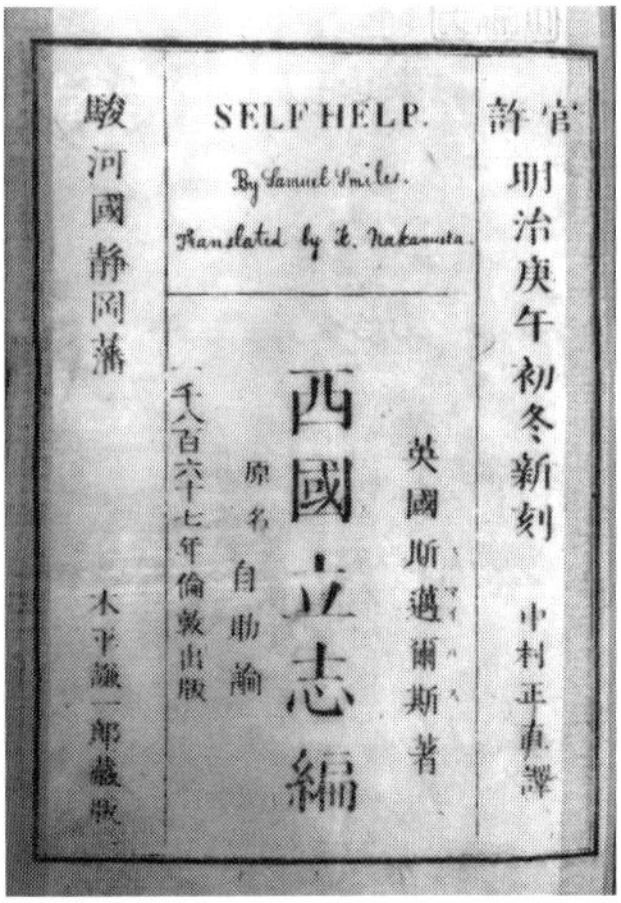

中村正直訳『西国立志編（自助論）』
スマイルズ著、明治4年出版の初版本
（甲南大学図書館蔵書）

ト哲学を思わせる西洋哲学由来の言葉である。

　このように釟三郎の「人格の修養」には「正直、勤勉、謙虚、報恩」といった伝統道徳とともに、「自主自立、開拓、自敬、自愛」といった近代西洋道徳が取り込まれているのである。

　更に「知識を有し、見識を有し」と言っているように、明治・大正期の日本における「修養」という言葉には、「精神修養」とともに「教養の修得」という意味が含まれており、「人格の修養」という言葉には、「徳」とともに「知識・見識」を有し、「自立心」と「自尊心」に富んだ人間形成という意味があった。従って釟三郎がその教育理念を語る時には、「精神の修養」よりも「人格の修養」という言葉を多く使うようになる。

人格の修養という言葉が生まれた背景

「人格」および「修養」という言葉は、明治になって誕生した西洋哲学の翻訳語である。

「修養」という言葉の初見は、明治四（一八七一）年に、中村正直がスマイルズの『自助論』を翻訳した『西国立志編』に見られる。それは「culture」又は「cultivation」の翻訳語として、すなわち、ペスタロッチ（スイスの教育事業家）の言う「正しく培われた意志の精神で以てする教育又は自己教育」（同書第十一編）、という意味の、西洋近代思想に基づく言葉として誕生した。

　中村は、これを儒教的色彩の濃い「修身」や、仏教的色彩の「修行」と区別するために、「修養」という、当時の日本では余り使われていなかった語を引っ張り出して充てたのである。

明治四十二（一九〇九）年に刊行され、明治大正期のベストセラーとなった、仏教学者加藤咄堂著の『修養論』において、「修養の語…英語これをカルチャー（culture）といい…独語これをビルヅング（bildung）といふ。…人物を作為し品性を模造する義と解すべきか」という有名な記述があるため、今日でも「修養」の語は「culture」や「bildung」、即ち「教養」と結びつけて語られることが多い。

尤も中村は、機械的に「culture」と「修養」とを結びつけたのではなく、文脈に応じて、「train」（訓練）や「strike and feed」（根づかせて伸ばす）にも「修養」の語を充てている。

「人格」という言葉は、明治二十六（一八八三）年頃に帝国大学教授の中島力造が、イギリスのトマス・ヒル・グリーンの思想を紹介する際に、「personality」という語を、同僚の井上哲次郎と相談して「人格」という言葉に訳出して誕生したと言われている。そしてE.M. Satow・石橋政方編『英和口語辞典』第三版（一九〇四年）に「personality」の訳語として「人格」の語が見え、この頃（明治後半）に「人格」という言葉が定着したものと思われる。

中島力造 著『グリーン氏倫理学説』
（輓近倫理学説叢書第２巻）、
同文館、明42年４月刊
（国立国会図書館デジタルコレクション）

新カント派学者のトマス・ヒル・グリーンは、「自我実現」思想の提唱者として明治半ばに日本に紹介され、その思想は、自由主義を基本としつつも社会の安定のためには、一定の規制の必要性を認めるもので、十九世紀後半のイギリスを中心に広まった近代自由主義思想である。

日本でも、民権論者が依拠したJ・S・ミルの『自由論』に対抗するかたちで、グリーンの思想が取り入れられ、明治中期には井上円了（東洋大学の前身、哲学館の創立者）が執筆した文部省検定教科書において、「快楽説」と「克己説」のバランスを取った「洽善説」として教えられていた（佐々木英和 2008）。

そしてこの「自我実現」という言葉は、中島力造や井上哲次郎らによって日本の伝統道徳にも馴染みやすい「人格の完成」という語に置き替えられて、明治中期以降の日本で広く受容されるようになっていったと思われる。

明治期の徳育論争

ところで明治期は、伝統思想と近代西洋思想との間で、徳育論争が激しく闘わされた時代でもあった。明治十二（一八七九）年には、儒教道徳と文明開化を巡って、儒学者で天皇に仕える侍補であった元田永孚と伊藤博文との間で闘わされた「教育議論争」があり、明治二十（一八八七）年には、修身教育はどの宗教に基づくべきかについて、宗教界や儒・洋の学者が侃侃諤諤《かんかんがくがく》の論争をした「徳育論争」があった。そしてこの徳育の混乱を鎮めるために、明治二十三（一八九〇）年に「教育勅語」が天皇の名の下で発布されることとなる。

その後も、明治二十四（一八九一）年の「内村鑑三不敬事件」を受けて、キリスト教は非国家的であるとする井上哲次郎や仏教界と、キリスト教徒との間で闘わされた「教育と宗教の衝突論争」があり、明治三十二（一八九九）には、道徳教育に宗教は不要とする井上哲次郎と、これに反対する各宗教界との間で「教育と宗教・第二次論争」が起こる。

また教育勅語に対しても、「徳目ばかりを暗記させても実行には繋がらない」、「縦の道徳ばかりで横の道徳がない」などの議論が起こり、教育勅語改訂論も公然と議論されていた。

このような道徳の規準を巡る論争の中、学界では大西祝や姉崎正治らが設立した「丁酉《ていゆう》懇話会」を母体に、西洋哲学と忠君愛国論との融和や、宗派に拘泥しない倫理運動を目的とする、「丁酉倫理会」が明治三十三（一九〇〇）年に組織される。

国民道徳制定の動き

日露戦争（一九〇四〜〇五）後、日本社会が一層の思想的混迷を深めるのを憂慮して、明治四十一（一九〇八）年に、勅語精神の徹底と勤勉倹約を求める「戊申詔書《ぼしんしょうしょ》」が発せられたが、同時に国際友誼も謳われて、「国際協調」という価値観が天皇の詔書にも取り入れられることになる。

こうして宗教界でも対立から協調の機運が現れて、明治四十五（一九一二）年には、当時内務次官であった床次竹二郎が主導して、神・仏・基の「三教会同」が開催され、成瀬仁蔵や渋沢栄一、そして先に述べた「丁酉倫理会」を組織した姉崎正治らの呼びかけで「帰一協会」が結成されて、学界、宗教界、実業界を巻き込んだ国民道徳制定の動きが出てくる。井上哲次郎、吉田熊次、西晋一郎ら多くの学者も、天皇ないし国家に対する忠を軸とした国民道徳に関する著作を発表した。

在野においても、清沢満之が説いた「修養主義」は澤柳政太郎を通じて教育界に広められ、蓮沼門三が展開した「修養団」運動は、渋沢栄一や住友本社の小倉正恒らの支持を得て民間企業に広まり、二宮尊徳が説いた報徳思想は岡田良一郎によって「大日本報徳社」の国民運動に発展した。

さらには山本滝之助が広島で『田舎青年』という著書を出版して「好友会」という名称の青年団活動を始め、それに触発された内務官僚の田澤義鋪は、自らも青年団活動に挺身して、それを「大日本連合青年団」に発展させるなど、様々な動きがあった。（筒井清忠 1995）

そして明治後半から大正期にかけては、松村介石の『修養録』、中島力造の『教育者の修養』、加藤咄堂の『修養論』、新渡戸稲造の『修養』、井上哲次郎の『人格と修養』、阿部次郎の『三太郎の日記』や『人格主義』など多くの修養書が発刊され、この流れの中で歴史と古典を重視する教養主義の伝統が旧制高等学校を中心に築かれて行く。

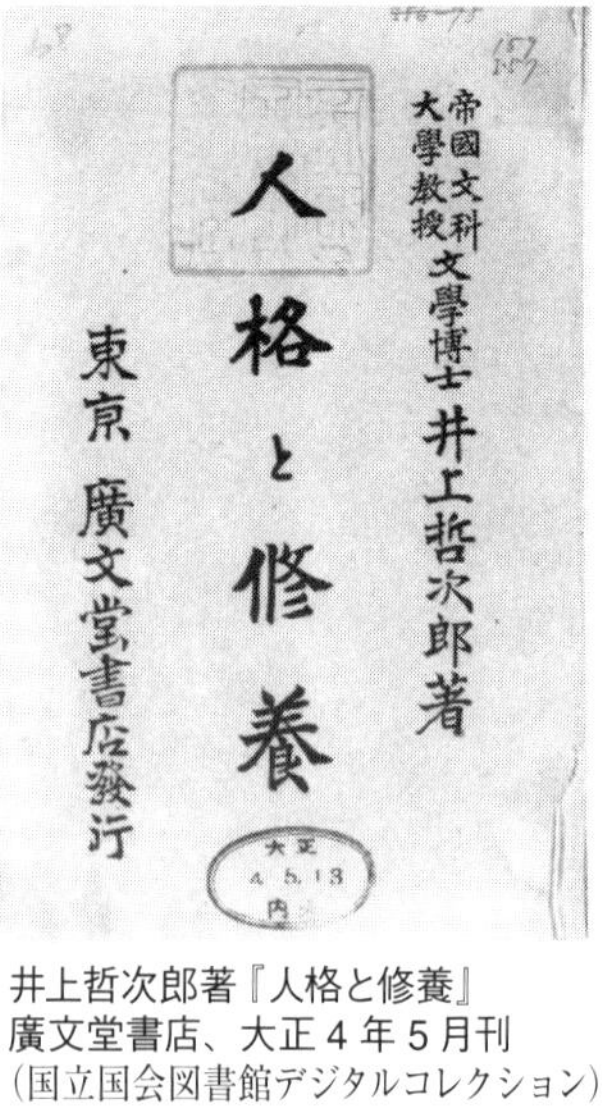

井上哲次郎著『人格と修養』
廣文堂書店、大正４年５月刊
（国立国会図書館デジタルコレクション）

釟三郎の天皇観・明治憲法観・教育勅語観

釟三郎は明治天皇を尊敬し、皇室を敬愛する愛国者でもあった。釟三郎は、紀元節（二月十一日）や明治節（十一月三日）には、甲南高等学校その他において、「明治憲法」と「教育勅語」の精神を高く評価する演説を、毎年のように行っている。

しかし釩三郎の明治天皇観は、明治維新を成し遂げて近代国民国家の建設に邁進した、偉大なリーダー又は旗印としてのそれであり、「明治憲法」や「教育勅語」の理解も、「五箇条の御誓文」（万機公論、旧来の陋習を破り、知識を世界に求め…）に基づくものであった。したがって釩三郎の天皇制理解は、戦中昭和の「国体明徴」や「臣民の道」のような教条的なものではない。そのことは、釩三郎が大正八（一九一九）年二月の日記に次のように書いていることからも分かる。

「皇室を以て直ちに道徳の淵源、正義の根本と為すは狭義の忠君愛国論となり…国民をして迷路に立たしむるものなり。思想の変化に従って忠君論も其解式を変ずるの要あり」（『平生日記』大正八年二月十一日）。

しかし同時に釩三郎は、「教育勅語」の「一旦緩急アレハ義勇公ニ奉シ以テ天壌無窮ノ皇運ヲ扶翼スヘシ」の言葉を大切にしており、多くの演説にその文言を取り入れていた。

釩三郎の教育理念の根底には、日本は、「明治憲法」と「教育勅語」、あるいは「五箇条の御誓文」に基づいて、西欧列強に負けない近代国民国家にならねばならない、また国家社会のリーダーたる者は、その身を公に捧げる覚悟がなければならない、という強い思いがあったのである。

また、第四章で述べた拾芳会の誓約書に「人類共存」と「報国尽忠」という言葉があるように、釩三郎が教育理念を確立した明治末から大正期にあっては、この二つの理念は対立することなく、貿易立国として世界と共存し、日本を立派な近代国家にするための理念として両立していた。

この時代は、一方では「明治憲法」や「教育勅語」の権威を背景に天皇制が確立して行くも、他方では自由主義、民主主義、社会主義といった西洋思想が広く社会に浸透し、また伝統思想に基づく勤労や報恩、煩悩の克服といった禁欲的道徳運動も勢いを増していた。このように、朝野を挙げて様々な道徳論が真剣に議論され、西洋道徳と伝統道徳の融合が図られるという時代背景の中で、釟三郎の教育理念は形成されたのである。

健康の増進

釟三郎の教育理念の二番目は「健康の増進」である。人生は長いマラソンであるとして、それに耐え得る身体鍛錬の必要性を重視した。

明治後半の日本は、日清日露の戦勝を経て国際的地位を高め、商工業が発達して青少年の意識は立身出世のための高学歴志向になる。当時は高等学校や大学の数は少なく、勢い受験競争は熾烈を極め、さらには国民病と呼ばれた結核に罹患する人も多く、体を壊して不遇の人生を送る人も少なくなかった。釟三郎が健康の増進を重んじたのはこのような時代背景もあったのである。昭和三（一九二八）年十一月の中学校調査会での演説で、釟三郎は次のように述べている。

「現在の中学校は殆ど高等学校又は高等専門学校の予備校の観を呈しております。…かかる教育を受けたる学生が肉体的に其健康を傷て…高等学校に入り、大学に進むに従い心身の衰弱を来たして進境鈍く、中には中途廃学し、又は死亡し、卒業後に於ても之れが原因となりて進歩を妨げられたる例少なからず。

…健全なる精神は健全なる身体に宿る…

されば青年の気力を旺盛均しむるには其身体を健全ならしむることが必要であります。…左れば全校生徒にして其嗜好と体格とに従いてスポーツの種類を選択せしめ満遍なく練習するの要ありと考えます。…かかるスポーツに依り剛健なる性格と犠牲的精神を涵養し得べしと思います」（『平生釟三郎講演集』八一～八三頁）。

甲南高等学校では、陸上競技、ラグビー、バスケットボール、テニス、野球などの部活動が奨励され、全校生徒五百人の小規模校にも拘わらず、高校インターハイでは常に好成績を収め、特にラグビーは毎年のように優勝を争い、山岳部は日本アルプスで十七の登攀ルートを開拓している。

しかし釟三郎は、部活動が学業を妨げることを嫌った。釟三郎の三男三郎は、甲南高等学校から京都帝大に進学してラグビーの名選手として活躍したが、昭和五（一九三〇）年のカナダ遠征日本代表チームの一人に三郎が選ばれた際には、二ヵ月余の長期間に亙って学業を疎かにしてスポーツに熱中することは、学生の本分にあらずとして、釟三郎は三郎の参加を認めなかった。

ノブレス・オブリージュ

釟三郎は大正十四（一九二五）年の外遊の際に、オックスフォード大学やケンブリッジ大学を見学しているが、そこで第一次大戦で自ら志願して国難に殉じた学生が多数いたことを知って、英国の「ノブレス・オブリージュ」、つまり「財力、権力、社会的地位を有する者はそれを保持するための義務を負う」という伝統があることに大きな感銘を受けている。

そして英国のパブリック・スクールが、宗教や歴史を大切にするとともに、ラグビーに代表される団体競技を奨励することによって、正々堂々、公明正大、勇気、忍耐、相互協力といったスポーツマン・シップ精神を涵養させていることを知り、そこに武士道精神を重ね合わせて「徳育と体育の結合」を見るのであった。

甲南大学の安西敏三名誉教授は、その論説『政治家としての平生釟三郎（二・完）』において、平生の価値観の根底には、実父田中時言から強い影響を受けた武士道精神に由来する、「だまし討ちは武士が最も恥とするところなり」という「恥の精神」とともに、英国パブリック・スクールの伝統に由来する「地位ある人が地位なき人々のために尽くす」という「貴族の義務的勇気」への強い共感があると言っている。

また安西は、その論説『平生釟三郎、その教育理念に関する一考察』において、オックスフォードやケンブリッジの学生の多くが第一次大戦に志願して国難に殉じたことを、釟三郎は教育勅語の「一旦緩急あれば義勇公に奉じ」と重ね合わせて理解して、この精神を育んだ英国のパブリック・スクールの教育、特にラグビー・フットボールの奨励に見られる徳育と体育とが一体となった教育を、高く評価していたことを指摘している。

個性を尊重して天賦の特性を啓発する

釟三郎の教育理念の三番目は、自らが能動的に学ぶことに重点を置く知的教育である。

釟三郎は、個性を無視した画一的知識の詰込教育ではなく、各人に個性に応じた教育を施して、様々な個性を発揮させることによってこそ、立派な社会が出来上がると考えた。また知識は日進月歩するものであり、学校で学ぶだけでは不十分で、卒業後も学び続ける必要があるとした。

従って教師の役割は、知的刺激を与えて個々の生徒の興味を引き出して生徒が持つ天分を引き出してやることであり、生徒に「考える姿勢」さえ身につけば、あとは生徒自らが能動的に学ぶことができるように、その環境を整えることにあると言う。そして生徒をして self-made man ないし self-help、即ち自ら考えて自ら学ぶことができる人間に育てることが最も大切なことだとして、釩三郎は次のように言っている。

「鉱物に、金・銀・銅・鉄…など色々あるように、人間には金もあり銀もあり鉄鋼もあってはじめてそこに立派な社会ができるのである。すべての人は天才でありその天才を発揮させていくということが、人間を作ることの本義でなければならぬ」（新版『私は斯う思う』四～五頁）。

「そもそも教育する educate の語源はラテン語の educo で、e とは out のこと、duco とは pull の意味、つまり educate とは pull out（引き出す）で、各々の人間の内にある天分を引き出すことだ」（前掲書六頁）。

「人間は学校か教員が之を陶成するにあらずして自分が造るものなり。即ち人間は総て self-made man ならざるべからず…。何人も自己に備へられたる天才を有するものなれば、教師は其本質的知能を十分に発達せしむべくあらゆる妨害より之を防ぎ…又発育に要する肥料を与え、以て完全なる発育をなさしむべし」（『平生日記』昭和二年十一月十三日）。

そしてそのためには少人数教育が欠かせないと考えて、学校の一学級人数が五十～六十名であった当時において一学級三十名体制を提唱し、これを甲南学園で実践したのであった。

釟三郎の「個性尊重」と「自由教育」

ところで釟三郎はその教育理念を語るにおいて、「個性尊重」や「自由教育」という言葉をしばしば使っている。以下は大正十二（一九二三）年二月、釟三郎が甲南学園の理事と幹部教員を前にして甲南高等学校の設立趣旨を説明した時の発言である。

「教育は須く自由にして個性を尊重し人物を作るを以て主眼とせざる可からず。如此き主旨を以て教育を為さんとすることは、文部省直轄の下に在る官公立学校に望むべからず、私学を以てせざるべからず。是れ本学を設立せる所以なり」（『平生日記』大正十二年二月一日）。

明治末から大正期にかけては、画一的注入教育や管理主義的教育が批判され、様々な新しい教育方法が模索されていた。それが「大正自由教育」や「大正新教育」と呼ばれるものである。

中村春二の成蹊学園、西山哲治の帝国小学校、澤柳政太郎の成城学園、羽仁もと子の自由学園、野口援太郎の池袋児童の村小学校、桜井祐男の芦屋児童の村小学校などが開設され、官公立学校においても、東京師範学校附属小学校の樋口勘次郎、明石女子師範附属小学校の及川平治、奈良女子師範附属小学校の木下竹次らが新教育を提唱していた。

それでは釟三郎の「個性尊重」や「自由教育」はどのように理解すべきであろうか。釟三郎も画一的注入教育や管理主義的教育を批判するために、「個性尊重」や「自由教育」という言葉を使ったのであるが、それは「子供中心主義」や「国家よりも個人」という意味での個人主義教育ではなく、また「自由と平等な権利」という意味での自由主義教育でもない。

それは前述のとおり、「五箇条の御誓文」（万機公論、旧来の陋習を破り、知識を世界に求め…）に基づいて、日本を近代国民国家として発展させるための多様な才能を発掘・育成するための「個性尊重」であり、官僚的管理教育や画一的注入教育からの「自由教育」であった。

もとより釩三郎は、「個人の尊厳」、「自主自立」、「自由通商」などの価値観を大切していたが、しかし国家社会の利益を顧みない個人主義や自由主義は、利己主義であるとして嫌った。

甲南大学の安西敏三名誉教授は、先にも言及した論説『平生釩三郎、その教育理念に関する一考察』において、釩三郎に最も共鳴を与えた教育者は、成蹊学園創立者の中村春二であるとして次のように言っている。

「中村の教育理念は…欧米流の教育思想からきている自発性や自立性の重視のみならず、東洋的ないし仏教的鍛錬主義をも導入しているのである。

…平生の自由教育に対する信念は…官僚的統制教育からの解放を意味するばかりでなく、すすんで人間の内面・精神を重視する教育でもあった。

…どちらかといえばわが国の伝統的修養法をも導入しての新教育の試みであるといえる。…たんなる欧米流の自由教育を直輸入的に導入することをためらわせたであろうし、中村春二への共感をもたらせたのであろう。但し、平生は中村と違って、禅宗は個人主義的であるとして排斥し、社会性・政治性のある法華経の開祖日蓮をよしとした」（安西敏三 1986）。

「人類共存」、「報国尽忠」との関係

釟三郎は、「人類共存」と「報国尽忠」の理念を自身の信条とし、特に拾芳会の給費生に対しては、この言葉を繰り返し語っていたが、甲南学園での訓示においては、この言葉は意外なほど語られていない。それは何故だろうか。

考えられることは、釟三郎の教育理念は、甲南高等学校という十三歳から十九歳までの中等教育を念頭に置いたものであり、この年代の少年の人格は未だ形成過程にあって確立していない、ということである。

政治社会についての知識も不十分で、自分の依って立つ思想的基盤も社会的責任についての認識も不完全である。そのような少年に「人類共存」や「報国尽忠」という言葉を訓示してもその理解は曖昧なものとなり、ともすれば上滑りをして、アナーキーな平等主義や偏狭な国粋主義に毒される恐れがあると考えたのではないだろうか。そのことは、釟三郎が共産主義思想と共に偏狭な国粋思想を嫌悪しており、それは甲南高等学校において、社会科学の研究を禁止していたことからも推測される。

とは言え、釟三郎が甲南高等学校で語る訓話においても、「人類共存」という言葉を時々は語っており、「報国尽忠」については同様のことを平易な言葉で語っている。したがって、この世界的視野をもって国家社会に貢献する人物に育って欲しいという精神は、十分に生徒たちに伝わっていた筈である。以下は昭和初期の甲南高等学校卒業式の釟三郎の訓話である。

「我国家が熱望するところの公正にして人類共存の主義を奉ずる共働の精神に富みたる青年として世に出で、他の知育偏重の教育を受けて世に出づる片々たる小弟子や自働自活の精神に乏しき薄志弱行の徒に対し範をさんことを希望す」（『平生日記』昭和四年三月二日）。

「我国をして政治的、経済的、思想的国難より脱却して実力を以て国威を海外に輝し、真に三大国の一たらしむるの任務は…新進気鋭の少壮年者の双肩にかかるのである。…愛国の精神を以て各志すところの学科につき真摯なる学修と熱烈なる研究を怠らざらんことを希望するのである」（同、昭和五年三月三日）。

「常に目を世界大勢の変遷推移に放ち、

自分は他日社会に出で社会人として社会人類のために、something を貢献すべき責任を有するものなることを自覚して奮励努力するに至らんか、かかる青年の輩出こそ余ら本校を設立せしものの熱望するところである」（同、昭和六年三月三日）。

第三部

社会への関心の広がりと社会事業の開始

第八章

政治的・社会的関心への広がり

釟三郎が社会に対して抱く危機感

前述の通り釟三郎は、人生半ばに「人生三分論」に目ざめて社会奉仕に生きることを意識するようになり、拾芳会を立ち上げ、また甲南学園の育成・発展に全力を注いだ。しかしそれだけに止まらず、やがて日本の政治・社会問題にも関心が広がって行く。この頃の『平生日記』には、次のような記述が散見されるようになる。

「危険思想の発生は資本主義跋扈の結果…貧富の懸隔が其度を大にしたるに原由する…（この不公平を放置すれば）労働に従事する人々をして資産家に対して呪詛怨恨を抱かしめ、其極彼等をして危険過激の思想を懐抱せしめ延て社会の紀綱を紊乱せしむるに至らん」（『平生日記』大正七年十一月一日）。

このように考えた釟三郎は、労働者には正当な報酬を与えること、富豪の相続税には重税を課す他、投機所得、戦時利得などの不労所得にも重税を課すべきこと、また、労資は協調すべきであるという意見を様々な場面で主張するようになる。

釟三郎の政治への関心の高さは、既に大正初めには、政友会の衆議院議員である床次竹二郎を支援していたことからも伺えるが、やがて自らも積極的に動こうと考えるようになる。そして次に述べるような様々な社会活動や政治的活動に参加し始めるのである。

大正日日新聞社

大正期は、世界では第一次大戦やロシア革命が起こり、日本経済は戦争景気と戦後不況に揺れた時代であったが、新聞が普及してこれら内外の政治的・社会的問題について、一般国民が意見を表明し始める時代でもあった。

この頃から釟三郎の日記には、欧州戦争、無産革命、海軍軍縮、人種差別撤廃、普通選挙、米騒動、製糸工場の女工健康問題など、様々な政治的・社会的問題の記述が現れるようになる。そして野党的言論をする「大正日日新聞社」の設立にも関与することになる。

この新聞社は、元大阪朝日新聞の編集局長としてシベリア出兵や米騒動の問題で寺内正毅内閣を激しく批判していた鳥居素川が、筆禍事件を起こして大阪朝日を退社後、自らが主筆になり大正八（一九一九）年に創設したものである。

藤村義朗（三井物産取締役、貴族院議員）や勝本忠兵衛（大阪の銅商）らが中心となって資金を集め、勝田銀次郎（勝田汽船）、伊藤忠兵衛、河内研太郎、栗本勇之助（栗本鉄工所創業者）、星野行則【15】もその創設に参加した。釟三郎はその発起人や取締役になることは辞退したが、

【15】星野《ほしの》 行則《ゆきのり》

明治三（一八七〇）年〜昭和三十五（一九六〇）年。長崎県の元島原藩士の家に生まれる。キリスト教に傾倒し、大阪三一神学校（現・聖公会神学院）を卒業後渡米。帰国後加島銀行に入社して、本店専務理事や大同生命常務取締役などを歴任。カナモジ会と大阪ロータリークラブの設立には主導的に関わり、様々な社会活動で釟三郎と行動を共にした。

加島銀行と大同生命は、幕末期に鴻池と並ぶ豪商であった加島屋が母体となって明治期に設立された会社で、二〇一五年に放送されたNHK連続テレビ小説「あさが来た」では、主人公の広岡浅子が加島銀行や大同生命を設立した女実業家として描かれている。

資金面で協力することとした。

釟三郎は鳥居を囲む晩餐会に出席して、「野党の領袖が時事問題について会議を開きたるの観ありき。実に愉快なる一夕なりし」（『平生日記』大正八年七月三十日）と言って同新聞社の発展を期待した。

カナモジ会への参加

「カナモジ会」は、大正九（一九二〇）年に、山下芳太郎（住友合資会社理事）、星野行則、伊藤忠兵衛らによって「仮名文字協会」として設立された。大正十二（一九二三）年に「カナモジカイ」に改称しているが、ここでは「カナモジ会」として記述する。

釟三郎は大正十一（一九二二）年頃に参加して理事にも就任し、熱心にカタカナ横書きを奨励して、漢字廃止論や漢字制限論を唱える活動をするようになる。


明治期における日本人の識字率は高かったとされているが、漢字の読み書きはエリート層に止まっており、一般庶民層には広がっていなかった。明治新政府は、近代国家建設のためには、国民の漢字能力を庶民層にまで広げる必要があり、国民の漢字学習負担を如何にして軽減するかという大きな問題に直面していた。

この頃は、漢字制限論やカナ文字化論、そしてローマ字化論も噴出して、教育問題であると同時に大きな社会問題でもあった。しかも怒涛の如く流入する西洋思想や理化学用語の増加は、一層の難しい漢字の氾濫を招き、当時の新聞では六〇〇〇字もの漢字が使用されており、義務教育を修了しただけの漢字力では、新聞を読みこなすことが益々困難になっていた。

文部省は、明治中期頃から教育漢字の制限に乗り出し、大正期から昭和前期においては、六年間の義務教育で約一三六〇字を教えることとしたが、それでも子供たちの漢字学習負担は大きく、昭和十年に東京市視学の岡崎常太郎が行った調査によると、小学六年生卒業時の平均的な漢字習得字数は六〇〇字程度が精々であったという（星野行則　1923）。

丁度その頃、釟三郎は、英国からの帰国子女である十一歳と九歳の女児がロンドンタイムズを読んで意味を理解するのを見て大きなショックを受け、このことが釟三郎をして「カナモジ会」に参加する動機となったのであった。

「カナモジ会」に参加して以降、特に昭和初期までの期間に、釟三郎はあちこちで講演会を開いては漢字教育の弊害を訴えて、次のような主張をしている。

○新聞記事を読むのに要する学習年数は、日本では八年かかるがイギリスでは僅か二年。

○カナモジを標準にすれば、小学校教育は四年で修了することができ、余った二年間は中等教育に充てることが出来る。

○役所は必要以上に難しい漢字を使いすぎる。例えば「虎疫猖獗河水引用厳禁」は「コレラが流行るから河の水を飲むな」にすると小学生でも容易に理解できる。

○日本語は同音異義語が多いため漢字の廃止はできないという意見もあるが、例えば「火傷と靴傷」は「ヤケドとクツズレ」とする方が余程良い日本語になる。

（『平生釟三郎の総合的研究』所収の有村兼彬論文 1989）。

つまり釟三郎にとっての「カナモジ会」への参加は、学校教育改革であると同時に社会改革でもあったのである。

釟三郎は、大正十三（一九二四）年に甲南小学校の国語教師の稲垣伊之助を引き抜いて、「カナモジ会」の国字改良運動に従事させている。稲垣は、『綴り方教授』や『読み方教授』などの著者である国語学者の芦田恵之助に師事していたこともあり、熱心に「カナモジ会」の運動に参加した。戦後の「国語審議会」では、芦田や稲垣が執筆して「カナモジ会」が発行した資料も参考にされ、戦後の教育漢字や当用漢字などの制定に貢献することになる。

昭和十一（一九三六）年、釟三郎が文部大臣に就任した時に、国粋主義者から、漢字廃止論は甚だしい不敬だと攻撃されて、釟三郎の「カナモジ会」の活動は停滞を余儀なくされるが、これについては後の第十三章で述べることとする。

灘購買組合設立への協力

大正十（一九二一）年、株で大儲けした那須善治が社会貢献の方法を相談に来た時、釟三郎は、岡本利吉の「消費者組合亀戸協働社」の活動を紹介して購買組合の設立を勧めた。

岡本利吉は大正・昭和期の社会活動家で、釟三郎との交流は、岡本が労働問題について釟三郎の意見を聞きに来た大正七（一九一八）年頃から始まり、大正八年の「企業立憲協会」（労資協調の観点から企業経営に労働者の参加を提唱する団体）の設立や、大正九年の「消費者組合亀戸協働社」の設立に際しては、釟三郎は岡本に資金援助をしていた。

その後も東京下町の労働者を対象にした「純真社食堂」の設立や、富士山麓の「農村青年共働学校」の開設などでも、釟三郎は資金援助をしており、このような岡本との交流を通じて釟三郎は、労働問題とともに消費者組合についての知識を得ていたのである。

これに先立って、那須は社会運動家の賀川豊彦にも相談していたが、釟三郎と賀川の意見が同じであったことから、「灘購買組合」の設立に踏み切った。設立に際しては、那須が組合長、賀川が顧問に就任し、釟三郎も理事に就任して昭和十九（一九四四）年まで務めている。

灘購買組合芦屋出張所前での集合写真（昭和２年）
（画像提供：コープこうべ）

「灘購買組合」は順調に発展したが、これに脅威を感じた地元小売業者は、昭和四（一九二九）年に「灘商業振興会」を結成して反購買組合運動を起こす。

　これに対して釟三郎は、小売業が経営難にあるのは、人口六万人の地域に二千もの小売業者が過当競争をしているためであり、購買組合に対抗するためには、共同仕入をして顧客の利便に努めるべきではないかと反論する。

　小売店側は「灘購買組合」を非難する要望書を県に提出したが、これを規制する法律はなく、結局、「灘購買組合」は小売店を害するような挑発的な言動をしないということで決着し、小売店側は釟三郎の進言通り、共同仕入に基づく廉価販売や、商品の品質向上などで対抗するようになった。

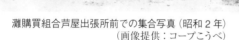

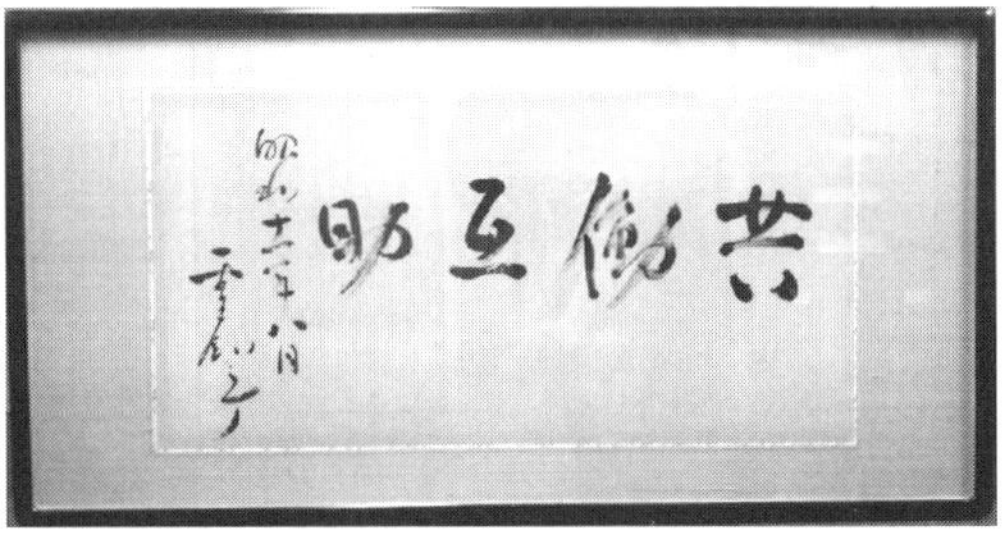

釟三郎直筆扁額（1936 年）（画像提供：甲南学園）

「灘購買組合」は、同じ頃に賀川豊彦が設立した「神戸購買組合」などとの幾多の合併を経て、「灘神戸生活協同組合」となり、その後「生活協同組合コープこうべ」となって現在に至っている。

「共働互助」という言葉は、釟三郎が労資協調を意識して使っていた言葉であるが、賀川も消費者組合運動や労働組合運動を意識して、同じ発音の「協同互助」という言葉を使っていた。

この賀川の「協同互助」と釟三郎の「共働互助」という二つの言葉には共通する精神があり、『百万人の輪―コープこうべ七〇年の歩み』には、「共働互助」が釟三郎の生涯のモットーであった、と書かれている。

大日本経済連盟会

東京海上専務という財界人としての一定の評価を得て、時事問題についても積極的な発言をしていた釟三郎は、財界の総本山からも誘いの声が掛り、その活動に参加することになる。

大正十一（一九二二）年には、日本銀行総裁の井上準之助に勧誘されて「大日本経済連盟会」の設立に参加する。この「連盟会」は、井上、郷誠之助、団琢磨ら、財界を代表する十一名が発起人となって設立された日本の経済団体を横断する組織であり、後の「日本経済団体連合会（経団連）」の前身となる組織である。

釟三郎は、彼が主導していた社交会である「八日会」を「大阪経済研究会」に改称してこの連盟会に加盟し、「財政経済方面における意見を発表する好機である」と言ってその活動に期待した。

ロータリークラブへの参加

大正十一（一九二二）年十一月、釟三郎は星野行則から「大阪ロータリークラブ」（以下大阪RC）への参加を勧誘される。東京RCは、福島喜三次（東洋棉花社長）と米山梅吉（三井銀行常務）らによって二年前の大正九（一九二〇）年に設立されていたが、その福島から大阪RC設立の相談を受けた星野は、大正十一（一九二二）年春にシカゴのRC本部を訪れて、大阪RC設立の全権を委任されていたのである。釟三郎は星野の話を聞いて、ロータリークラブの理念は自分の考えと同じであるとして直ちに賛意を表明した。

大阪RCは、福島と星野および釟三郎、進藤嘉三郎、伊藤忠兵衛、村田省蔵、関一（大阪市助役、後に市長）、小林一三（阪神急行電鉄社長）など二十五名がチャーターメンバーとなって、大正十一（一九二二）年十一月十七日に創立総会を開催した。釟三郎は、神戸RCや朝鮮京城RCの創立総会にも出席して、大阪RCを代表して挨拶するなど熱心なロータリアンとして活動した。大正十五（一九二六）年五月から一年間は、大阪RCの第四代会長も務めている。

大阪ロータリークラブ創立一周年記念会（1923 年）　釟三郎は後列中央、星野行則は中列左から５人目、村田省蔵は同４人目
（画像提供：大阪ロータリークラブ）

ロータリークラブは、商道徳の欠如の風潮に憂慮した米国のポール・ハリスが提唱して、一九〇五年にシカゴで発足したのが始まりである。商売や企業活動においては高い道徳的水準を守り、各々の職業を通じての社会奉仕と国際親善を提唱し、世界平和の確立に寄与することを目的とした団体であり、現在では世界で二千以上のクラブと十万人規模の会員を擁している。

実業同志会への参画

大正十二（一九二三）年、鐘紡社長の武藤山治【16】が、政界浄化と、保護主義政策からの脱却や官営企業の民営化を提唱するなどの経済的自由主義を掲げて、商工業者などの実業家を糾合し、多くの実業界の代表を国会に送り込もうとして政治団体「実業同志会」を立ち上げた。

武藤は「実業同志会」結成の趣旨を、その著『政界革新運動と實業同志会』において次のように述べており、とりわけ経済の実態を知っている実業家が政治に積極的に関与すべきことを訴えた。

「（現在の）政治は、経済的知識経験なき職業政治家の為に壟断《ろうだん》され、国富は極めて不生産的に浪費せられておる。為に国民の生活は益々苦しくなるばかりである。…無産階級の生活難は有産階級に対する…怨嗟となり…遂には…最も忌まわしき階級闘争を惹き起こす。…（この問題を解決するためには）、商と謂はず、工と謂はず、農と謂はず、また雇主と被雇者を問わず、国民悉く結束し…腐敗せる政治の郭清に当るべきである」（武藤山治　1923）。

釟三郎はこの武藤の意見に全面的に賛同したが、東京海上の専務という立場を考慮して、表面には出ずに裏方として資金募集の面で協力することとした。そして「実業同志会」は、大正十四（一九二五）年の第十五回衆議院議員選挙において、営業税撤廃や電話・鉄道民営化などの経済的自由主義を公約にして、全国で三十四名が立候補して八名が当選した。

【16】武藤《むとう》 山治《さんじ》

慶応三（一八六七）年～昭和九（一九三四）年。尾張国の母の実家で出生。佐久間国三郎の長男。佐久間家は美濃国安八郡脇田村で代々庄屋をつとめる旧家。慶應義塾を卒業後米国留学。帰国後一族中の武藤家の養子となる。ジャパンガゼット新聞社、イリス商会、三井銀行を経て、鐘淵紡績（鐘紡）に入社。鐘紡をトップクラスの紡績会社に成長させて大正十年社長就任。鐘紡では、紡績所内に乳児保育所や女学校、鐘紡共済組合を設置して福利厚生に努めた。

大正十二年「実業同志会」を結成。大正十三年衆議院議員当選。昭和三年ブラジル移民促進のため南米拓殖会社を創立。政界引退後、時事新報社で「帝人事件」をスクープするが、昭和九年狙撃されて死亡。享年六十八。

釟三郎の「実業同志会」への期待

釟三郎は、政友会が分裂し、床次竹二郎の「政友会（純正派）」と武藤の「実業同志会」が合同して、真に日本の国益を考える政党が出現することを期待した。そして旧来の友人で元衆議院議員の小森雄介を武藤の参謀に推挙するようなこともしている。

小森は武藤と行動を共にすることを断ったが、「政友会」は大正十三（一九二四）年に分裂し、大正十四年には、床次竹二郎、山本達雄、中橋徳五郎、鳩山一郎らが「政友本党」を結成し、大正十五年には「政友本党」と「実業同志会」は政策提携をすることになる。

その後昭和二（一九二七）年に、「政友本党」は「憲政会」と合併して「民政党」が結成されると、昭和三年に「実業同志会」は「政友本党」を離れて「政友会」と協定を結ぶことになり、その後、「国民同志会」に党名を改称するも党勢は伸び悩み、昭和七（一九三二）年に武藤は政界を引退して「国民同志会」は解党した。

釟三郎の人脈を育んだ社交会

釟三郎は人と会って話をすることを好み、神戸と大阪を中心に幾つもの経済会や社交会に足を運んで、多くの人々と交流した。その多くは関西の財界人であるが、東京の財界人とも積極的に交流した。保険や海運業界に止まらず幅広い業界の人々と交流し、三菱、三井、住友などの財閥幹部との親交も深めた。

また、高等商業学校（現在の一橋大学）の同窓会である如水会の理事長を昭和十二（一九三七）年から二期六年間務めて、高等商業学校卒業生の人脈にも太いパイプを持つことになる。

そして財界人に止まらず、中央官僚、陸軍、警察、学界、マスコミなどの幹部との交流も深めている。この他にも東京・大阪間の夜行列車も格好の社交場となっていた。このような機会を得て幅広い人々との交流により釟三郎の人脈は太いものになって行く。

当時釟三郎が所属した主な経済会、社交会は次の通りである。

○観音林倶楽部（住吉村居住者の社交会）
○二十日会（神戸の支店長クラスの親睦会）
○神戸商業会議所
○神戸経済会（名士の講演を聞く神戸財界人の会）
○大阪倶楽部（大阪の最も格式の高い社交クラブ）
○大阪ロータリークラブ
○八日会（時事問題を議論する名士の会）
○新海亭方円会（大阪で親しい財界人の会）
○中央亭方卓会（東京で親しい財界人の会）
○如水会（高等商業学校の全体同窓会）

○終金会（大阪在住の高等商業学校の同窓会）
○常磐会（高等商業学校の年配者の同窓会）

社会奉仕活動に専念する決意

このように釟三郎の社会的関心は広がって、幾つもの社会事業への参画を始めたが、何れも「誘われて参加したもの」あるいは「他人の活動を支援するもの」であり、それらはまだ釟三郎が思うような社会奉仕活動ではなかった。

平生釟三郎研究者の一人である京都産業大学の柴孝夫教授は、この頃の釟三郎の心境を次のように分析している。

「平生の思うような社会奉仕活動はこの時期には行っていなかったと言ってよいであろう。しかしそうした状態に対して平生はしだいに焦慮を感じるようになる。…その結果、平生はついに東京海上の専務の職を退くことを決意する。そしてそれが各務に容れられて、平生はいよいよ社会奉仕活動に専念することになる。それは大正十四年のこと…であった」（『平生釟三郎／人と思想』所収の柴孝夫論文 1999）。

社会・政治・産業を liberate する

このような経過を経て、釟三郎は東京海上の専務を退任して社会奉仕活動に専念することになるが、その決意のほどは、次の『平生日記』に見ることができる

「余の天命が育英事業なりとも思はず。…其残の一生は社会奉仕の時代とせし、其 programme を実行しつつあるのみ。

学校教育を官僚的干渉及画一的模倣の弊害より liberate すること、産業貿易を保護干渉より liberate すること、国語を漢字

の禍害より liberate すること、療病を営利的医術より liberate することを以て余生涯の事業として努力勇往せんとす」（『平生日記』昭和四年九月三十日）。

甲南大学の藤本建夫名誉教授は、その論文『実業家・教育者平生釟三郎における liberate な社会像と軍事国家体制との相克（一）』において、この『平生日記』の記述に言及して、「彼にとって社会奉仕としての教育は、単なる狭義の教育ではなく、広く社会や政治や産業を liberate するものでなければならなかった。このように考えてはじめて、後に、周囲に押されてとはいえ、彼は実業界に復帰し、政治の世界にまで重要な関わりを持つようになっていったのである」と言っている。

第三章で述べたとおり、釟三郎が大正十四（一九二五）年に東京海上専務を退任した際には、友人たちの多くは、今後釟三郎は、教育事業に専念するものと思っていた。しかし釟三郎の思いは、教育問題だけに止まらず、産業貿易、漢字問題、医療問題と広がり、更には労働、移民、外交、軍事など、幅広い政治・社会問題に向かって行くことになる。そして東京海上専務を退任後は、社会事業家あるいは社会改革者として自らが先頭に立って周囲を巻き込んで行動し、時にはそれが政治的活動にもなって、これらの活動に生涯を捧げて行くことになる。

甲南病院の設立

甲南病院設立の動機

東京海上専務を退任した釟三郎が最初に取り組んだ本格的な社会事業は、甲南病院の設立である。釟三郎が病院設立に取り組むに至った事情は、二人の夫人を病気で亡くした不幸な経験が大きな動機であったが、大正十一（一九二二）年に拾芳会の給費生が福岡の病院で診察を受けた際に、多額の診察料を請求されたことに憤慨して、「中流以下の人々でも医者に掛かることができる病院を作ろう」という強い使命感が釟三郎を突き動かした。

大正期から昭和初期にかけての日本の病院事情は、キリスト教系病院など慈善活動の一環として設立された病院や、公的病院としての日赤病院や共済会病院なども開設されていたが、多くの診療所や病院は、個人経営や財団法人による民間の営利事業として運営されており、中には暴利を貪る医師もいて、医療費は高額となっ

甲南病院全景　昭和９年　（画像提供：甲南学園）

て中流以下の人々が医療サービスを受けるには敷居が高かったのである。釟三郎が頭に描いた病院は、

「富裕な患者には、全治した時に治療費の他に相当の謝礼金を提供してもらい、恵まれない人達に対しては実費をもって、あるいはその一部を補助して、あるいは全く無料で治療し、いかに貧しい患者でも、名医の治療や手術を受けることが出来るという主義と方針の下に経営される」（『甲南病院の五十年』）

という病院でなければならなかった。

病院建設の前史

当初釟三郎は、医学部志望の学生を拾芳会に集めて人材育成を行い、彼らが育つのを待って病院を設立することを構想していた。

しかし大正十四（一九二五）年、白城定一（山下汽船常務）と鋳谷正輔（北海道鉱業社長）が、乾新兵衛（後の乾汽船社長）の賛同も得て、京都帝大の外科医長であった辻廣を中心に病院を建設する計画を持ってきた。予定より早く病院建設計画が持ち込まれてきたのであったが、釟三郎はこの計画に乗ることになる。

釟三郎は、自分と鋳谷が各十万円、乾が三十万円を出資して、三井、三菱、住友、川崎などに寄付を募れば、予定の百万円の資金を集めることができると考えた。釟三郎は、財閥や富豪が自発的に社会事業に寄付することは当然だと考えていたからである。しかし乾は資金の拠出を拒否し、川崎も三菱も寄付を断ってきたため、この計画は頓挫した。

その直後の大正十五（一九二六）年、今度は伊藤忠兵衛が竹村清次郎（竹村商店）による別の計画を持ってきた。この案は三井慈善病院にいた内科医の外山昴造を中心に病院を建設しよ

うというもので、既に竹村は五千坪の敷地を兵庫県武庫郡本山村に確保しており、更に十万円の資金拠出を申し出ていたため、前の計画よりも容易に進むと思われた。しかしこの計画も、病院組織の在り方と運営方針について、釟三郎と竹村との意見が合わずに破談となった。

初代甲南病院長となる岡通との出会い

病院建設は再び白紙に戻ったが、すでに釟三郎と鋳谷は、竹村が確保した土地に隣接して六千坪の土地を購入していたため、竹村の土地も買収して他日の計画に備えることとし、昭和二（一九二七）年八月に釟三郎は新病院建設の計画を発表して寄付金の募集に着手する。

そして間もなく、東北帝大の医学部を卒業した拾芳会員の黒川恵寛の紹介で、同帝大の教授で内科医でもあった岡通から釟三郎の新病院への協力申出が来る。

釟三郎は仙台にまで出向いて岡を面接し、岡が敬虔なクリスチャンであること、そして最近妻子を失って孤独になっていたが、「之は新病院建設に専心従事せよとの神の御思召と考えて進んで尽力したい」との申し出に釟三郎はすっかり感激し、岡もこれに応えてその後七年間に亙る病院建設準備期間を釟三郎と共に耐え抜いて、初代甲南病院院長に就任することになる。

岡通の詳しい経歴は不明であるが、当時の東北帝大医学部には、後に全国児童にＢＣＧ接種を広めるなど、免疫学の大家として高名な熊谷岱蔵がいるなど医学水準は高かった。

病院建設の開始

この過程で、富豪たちの社会問題への関心の低さに対する釟三郎の憤りと病院建設への思いはいよいよ強くなり、釟三郎の寄付金募集活動は更に熱を帯びて行く。

しかし昭和四（一九二九）年七月、本山村に確保した病院予定地の一帯が、工場地帯になるという都市計画案が発表され、空気清涼を条件とする病院立地としては不適格となって他に土地を探さねばならなくなった。そこで釟三郎は住吉村の山手の鴨子ヶ原に適当な土地があることを思い出し、早速その所有者である住吉村に掛け合うこととした。

この土地は、かつて大正十二（一九二三）年に稲畑勝太郎（稲畑商店社長）と釟三郎が保証人となって聖心女学院の関西分校が開校された地であり、その後聖心女学院の発展により手狭となり、現在の宝塚市小林に移転して、丁度ここが空き地になっていたのである。

昭和五（一九三〇）年、釟三郎は住吉村からこの鴨子ヶ原の土地六千坪を、当初五年間は無償という好条件で借り受けることに成功する。

この頃、甲南病院初代院長就任予定の岡はドイツに留学していたが、釟三郎は、甲南病院の施工先に決まった竹中工務店の設計主任技師をドイツに派遣して、現地で岡とともに病院建物設計のための調査を開始させた。

また、釟三郎は甲南病院の初代事務長に就任予定の澤正治【17】に命じて、米国の病院設計の実例を入手させ、また、聖路加国際病院、同愛記念病院、聖バルナバ病院、大同病院などを調査研究させている。

そしてこれら調査研究を経て、甲南病院の具体的な病院コンセプトが形成され、当初は「中流以下の人々でも医者に掛かることができる病院」というだけであったものが、それに加えて、「病人のための病院」、「看護婦による完全看護の病院」、「専門調理師による完全給食の病院」、という理念が大きな位置を占めるようになってくる。

当時の多くの病院では、患者の家族や付添人に食事や身の回りの世話をさせるのが一般的であり、衛生面や食事の栄養の偏りに問題があった中、聖路加国際病院がいち早く採用していた完全看護と完全給食の方式を、甲南病院でも採用することを決定した。

【17】澤《さわ》　正治《まさはる》
明治二十六（一八九三）年～没年不詳。兵庫県出身。神戸高商（現在の神戸大学）卒。拾芳会会員。甲南病院初代事務長、川崎造船所取締役、北支経済委員長秘書を歴任するなど、釟三郎の懐刀として働き、拾芳会員の中では最も長く釟三郎と行動を共にした。河合哲雄著の『平生釟三郎』の発刊に当っては、津島純平、井波七郎、中川路貞治とともに編集委員を務めた拾芳会の中心的メンバーの一人。

甲南病院設立発起人会の開催

昭和五（一九三〇）年七月、ある程度寄付金が集まって病院建設の目処《めど》が見えてきたため、甲南病院設立発起人会が開催される。発起人は、鋳谷正輔（北海道鉱業社長）、長尾良吉（鐘紡社長）、小曽根貞松（本小曽根合資会社代表）、庄司乙吉（東洋紡績副社長）および釟三郎の五名であり、その他に住吉村細見菊吉助役、そして拾芳会会員の澤正治および黒川恵寛が陪席した。

同年八月に財団法人甲南病院設立の許可願が内務大臣宛に提出されて、その四ヶ月後の同年十二月に異例の速さで設立認可を得る。

翌昭和六（一九三一）年二月に第一回理事会を開催し、前述の五名の発起人と住吉村村長が理事に就任して釟三郎が理事長に選任された。また同年四月には松岡潤吉（松岡汽船社長）が監事に就任した。甲南病院設立への釟三郎の思いは以下の日記に見ることができる。

「中流以下の人々が…その恩恵に浴すること少なくして、名医良医の大多数は富豪の占有物たるが如き観あることは社会の為め公正なる現象にあらず。故に余は中流以下の人々のため良医の診察を受け良剤の投与を得せしめん…」（『平生日記』昭和七年七月十日）。

資金集めの苦労

その後も資金集めには苦労する。既に釟三郎の二十万円をはじめ、末延道成（東京海上火災会長）の十万円、鋳谷、長尾、嘉納治郎右衛門（本嘉納商店・菊正宗当主）の各五万円、住友吉左衛門（住友家当主）の十万円など、合計六十余万円が集まっていたが、目標の百万円にはまだ足りない。

釟三郎は寄付金募集活動の手を緩める訳には行かなかった。そして三井が五万円の寄付に応じるのは最初の申し入れから一年八ヵ月後であり、三菱が五万円の寄付に応じるまでには実に六年の歳月が費やされた。

釟三郎が三菱からの寄付金に拘った理由は、三菱系の会社である東京海上取締役の釟三郎が計画する甲南病院に、三菱からの寄付金が無いということは、先に応じてくれた住友や三井に対して説明がつかず、また三菱、三井、住友の三大財閥の寄付金を得た病院ということになれば、今後の寄付金募集に有利に働くと考えたからである。

このような寄付金集めの苦労を経て、昭和七（一九三二）年末に寄付金総額は八十二万五千円に達し、竹中工務店による病院建設工事が開始される。その間、一部近隣住民から病院の排水が危険だとする反対運動もあったが、それも収まってようやく昭和九（一九三四）年三月に甲南病院の建物が完成するに至った。

同年一月には看護婦（当時は看護師とは言わなかった）の募集を開始し、先ずは中心となる十人を採用して二月から四月にかけて聖路加国際病院で研修を受けさせた。

甲南病院の開院

昭和九（一九三四）年六月に甲南病院の開院式が開催された。実に当初の計画から九年後のことであり、釟三郎六十八歳の時である。

特別来賓には安達謙蔵前内相、兵庫県知事、神戸市長ら五十余名が招かれて、一般来賓は三百余名、拾芳会会員五十余名も集まって盛大に開催された。

病院長には早くから病院建設に協力してきた岡通が就任し、井波錬四郎、斎藤文雄、長谷川信六など多くの拾芳会会員が医師に就任した。そして看護婦長には聖路加国際病院出身の道部君子が、事務長には澤正治が就任した。

この時までに寄せられた寄付金は、三十名の個人篤志家と四社の法人から、合計九十万一千六百円が集まっていた。

甲南病院の病床数は、大部屋十一室五十六床、普通個室五十六床、特別個室六床の合計百十八床で、個室病床数が総病床数の半数を超えており、内科、外科、小児科、産婦人科、眼科、耳鼻咽喉科の六医科を備え、開院当初の陣容は、医師十三名、看護婦二十三名、特別見習生四名、見習生十二名というものであった。

開院初年度の外来患者数は延べ三万六千人弱（一日平均百二十七人）、入院患者数は延べ一万九千人弱（同六十六人）であり順調な滑り出しを見せた。

富裕な患者からは治療費以外にも相当の謝礼をもらう一方、貧しい患者には実費または無料で治療する方針で運営され、初年度の治療費減免患者数は五九九人であったという。

完全看護と完全給食

甲南病院では完全看護と完全給食を導入したが、これは聖路加国際病院に続いて日本では二番目であり、各診療科の連携を緊密にして、医師、看護婦、用務員に至るまで患者第一主義に徹するという画期的なシステムが導入され、東の聖路加国際病院、西の甲南病院と並び称されたという。

開院と同時にキリスト教精神に基づく三年課程の看護婦養成所を開設し、意識の高い看護婦の養成を開始した。そして看護婦寄宿舎では毎週土曜日の夜に、神戸女学院第六代院長で牧師でもあった畠中博による聖書の講読が行われた。もとより病院長の岡通は熱心なクリスチャンであった。

看護婦養成所はその後、甲南病院付属高等看護学院、甲南病院看護専門学校を経て、平成二十（二〇〇八）年に甲南女子大学に移管されて同大学の看護リハビリテーション学部となっている。

甲南病院と戦争の危機

昭和十一（一九三六）年七月、釟三郎は川崎造船所の退職金から十五万円を甲南病院に寄付して療養基金が設立され、その後、松岡潤吉の十万円の寄付金を基に研究基金が、そして釟三郎の新たな十万円の寄付金を基に退職基金が設立された。こうして昭和十五年度には黒字決算を計上することができた。

しかし昭和十二年に発生した盧溝橋事件を契機として拡大する日中戦争は、国連による対日非難決議となって、英米中蘭による対日経済制裁（ＡＢＣＤ包囲網）が強化され、やがて鉄、工作機械、航空機燃料などが禁輸となり、更には石油の全面禁輸と在米日本資産の全面凍結を招く。

昭和十六年九月にはガソリン不足により、甲南病院と鉄道の駅を結ぶバス路線が廃止されて外来患者数が減少した。病院は病院馬車の運行を開始するが、乗車定員には限りがあり大して役には立たなかった。

甲南病院の外来診療所開所式（1943 年）
（『甲南病院の五十年』より）

そこで交通の便利な阪神国道沿の石屋川西岸に外来診療所を開設することが決定され、統制経済下で建築許可の承認には難航したが、釟三郎は熱心に内務省や兵庫県庁に陳情して、漸く昭和十八（一九四三）年十月に外来診療所を開設することができた。

周辺住民の医療需要は高く、外来診療所の昭和十九年度の外来患者数は三万八千人強であったと記録されている。しかしこの外来診療所も、昭和二十（一九四五）年五月と六月の米軍による空襲で全焼した。

甲南病院の乗合馬車
（『甲南病院の五十年』より）

また、甲南病院は空襲を免れたものの、昭和二十年になって陸軍病院として接収される危機に陥った。しかし苦心の交渉の末、区域を仕切って一部は姫路陸軍病院神戸分院に、残りは引き続き甲南病院として一般診療を続けることが認められ、この状態で終戦を迎えることになる。

第四部

政治経済活動の展開と多方面での活躍

第十章

釟三郎の政治的活動

住吉村村会議員

釟三郎は、大正十（一九二一）年から同十四（一九二五）年までの制限選挙期と、その後、昭和四（一九二九）年までの普通選挙期の合計八年間、住吉村の村会議員を務めている。

大正十（一九二一）年の村立住吉尋常小学校の校地移転にあたっては、釟三郎は小学校建築臨時委員を務めて、小学校としては広大な九千坪の校地に、全国に誇る設備を持つ小学校の建設に尽力した。

昭和二（一九二七）年の神戸市との合併問題では、釟三郎は、後に住吉村村長となる横田政次郎らと共に調査委員に任命され、住吉村には十分な財政基盤があるため、「神戸市との合併の必要なし」、という結論をリードした。

当時の住吉村は日本一の富豪村といわれ、昭和十（一九三五）年には村営上水道を完成させ、同十八年には村立住吉高等女学校（戦後の学制改革で兵庫県立御影高等学校に統合）を設立しており、更に驚くべきは、陸軍に隼（戦闘機）二機、海軍には「住吉村民号」と名付けられた零戦一機を献納するほどの財力を有していた。

甲南小学校にある「常に備えよ」の石碑
釟三郎揮毫（1938 年）
（画像提供：甲南小学校）

横田村長は、釟三郎の人格や思想から大きな影響を受けたと言われ、横田の後を継いだ細見菊吉村長の時代に作成された住吉村青年団少年部の旗には、「常ニ備ヘヨ」の文字が刷り込まれている。この文字は、昭和十三（一九三八）年の阪神大水害で甚大な被害を受けた甲南小学校の復興再建校舎が、昭和十八（一九四三）年に落成した時に建立された記念碑に、釟三郎が揮毫して刻まれた文字から借用されたものである。

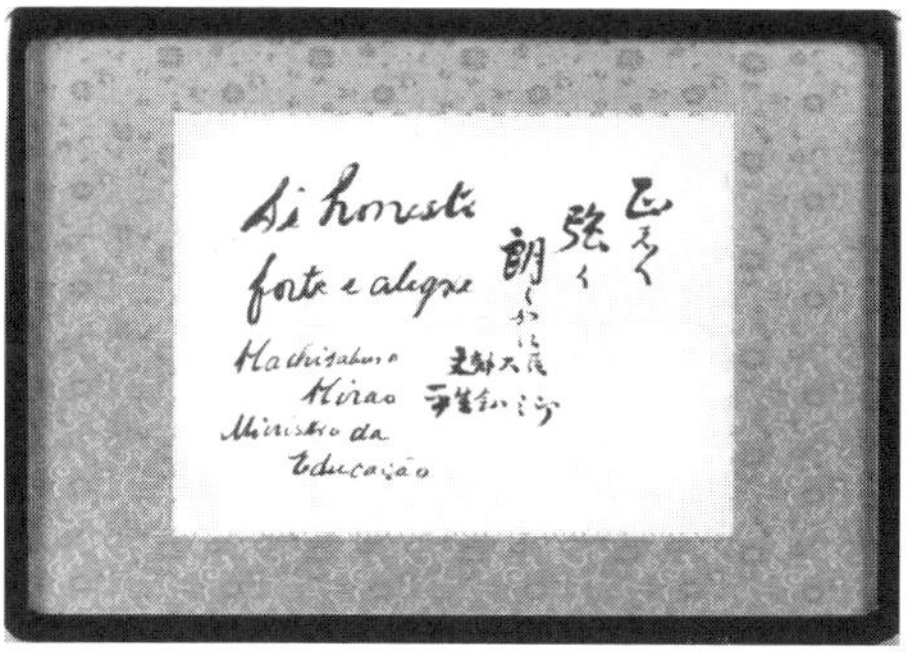

釟三郎直筆扁額（1933 年）（画像提供：甲南学園）

また、戦後になって制定された住吉小学校の校歌にある「正しく、強く、ほこらかに」は、釟三郎の教えである「正しく、強く、朗らかに」の影響を受けたと言われている（『わたしたちの住吉』）。

兵庫県教育会会頭・文政審議会委員

甲南学園の創立者として名を上げた釟三郎は、県や国の教育界からも有識者として期待されるようになる。釟三郎は昭和二（一九二七）年九月に兵庫県教育会会頭に就任し、兵庫県婦人会会長も務めた。またこの頃、釟三郎は住吉村村長への就任も要請されているが、さすがにこの要請は断っている。

昭和四（一九二九）年十一月には、文政審議会委員にも就任した。ここで釟三郎は、小学校の修業年限の八年への延長や官学と私学との差別撤廃を主張し、大阪帝国大学の設立に際しては、産業立国の見地から、工学部と理学部設置の必要性を力説してその設立に尽力した。

釩三郎が抱く危機感と民政党への傾倒

釩三郎が政治運動ともいうべき政治的活動をしていた時期がある。それは昭和二（一九二七）年から昭和六（一九三一）年まで、釩三郎六十一歳から六十五歳までの時期である。

釩三郎は、自らが先頭に立って、「自由通商協会」、「経済更新会」および「大阪軍縮促進会」という団体を結成し、政友会の田中義一内閣の政策に反対して、浜口雄幸率いる民政党の政策を支援する政治運動を展開したのである。

この時期は、中国統一を目指す蒋介石が北伐を開始して、北洋軍閥である馮玉祥や閻錫山をその勢力下に取り込んで満州に迫る勢いを示したため、これに対抗して田中義一内閣は山東出兵を進め、昭和三（一九三八）年には、関東軍（日本陸軍の満州駐屯軍）が独走して張作霖爆殺事件を起こしていた。また、昭和二（一九二七）年の昭和金融恐慌や、昭和五（一九三〇）年から始まった世界大恐慌に伴う昭和恐慌、そして昭和六（一九三一）年の農業大凶作といった経済的困難と社会不安が深刻になった時期でもあった。

このような内外の緊張の高まりを受けて、釩三郎は大きな危機感を抱き、昭和二（一九二七）年十一月に開催された「自由通商協会」の設立相談会において次のような意見を述べている。

「日本の如き土地狭く人口多き国が自給自足主義を採用して独立せんとすることは不可能事なり…（それは）鎖国時代に立戻らんとするものにして…即ち産児の制限、老朽者の委棄を以て之に対するの外なからん。

…左れば日本をして益《ますます》民族的に興隆せしめんとせば自由貿易主義に依りて物資の供給を豊富にし…商工業を熾にして輸出を

盛んならしめ…長短を巧みに補ふの他なからん。

濫りに軍国主義者の絶叫を恐れ似非愛国主義者の高調に同じて軍備を盛にし、自給自足を図らんとすることは、外敵のために倒れずして自己の負担のために労すの結果を生ずべきなり」（『平生日記』昭和二年十一月二十二日）。

自由通商協会

昭和二（一九二七）年、国際連盟の提唱により、世界経済の発展と紛争の防止のため、輸出入制限の撤廃と関税の低減を求めるジュネーブ国際経済会議が開催された。この会議に出席した志立鉄次郎（日本興業銀行総裁）と上田貞次郎（東京商科大学教授）は、日本でもこの運動を推し進めるべく、村田省蔵【18】や釟三郎に相談を持ちかける。

同様の危機感を持っていた釟三郎は、我が意を得たとばかりにこの誘いに喜んで参加する。昭和三（一九二八）年一月、釟三郎は岸本彦衛（岸本商店）や村田とともに、大阪を中心に全国の実業家に働きかけて「自由通商協会」を立ち上げ、理事長には志立が就任し、常務理事には釟三郎と上田が就任した。

この「自由通商協会」の目的は、世界の列強が夫々の勢力圏を囲い込んでブロック経済圏化を推し進める流れを阻止して、列強間の緊張を緩和して世界の平和共存を目ざすものである。したがって政府と経済界の結合による保護主義政策を批判するものであり、自由貿易そのものを理念的に追い求めるものではない。

釟三郎もこの誤解を解くために、国の産業政策上、保護すべき産業には保護関税を認めるなど、あくまでも国益を重視する団体であることを説明し、自由通商の機運が高かった大阪を中心に会員企業を拡大して、その活動も活発になって行く。

田中義一内閣が輸入関税引上げを策した時は、多くの会員と共に上京して幾つかの項目を撤回させ、イギリスに対しても日本製メリヤス製品に対する輸入関税の引き上げを撤回させている。

昭和五（一九三〇）年八月には、釟三郎は大阪自由通商協会常務理事名で、米国フーバー大統領宛に「世界貿易促進のため関税引き下げの国際会議の開催を要望する書簡」を提出し、また昭和七（一九三二）年六月にハワイで開かれたロータリークラブ世界大会では、釟三郎は自由通商の国際世論を喚起する演説も行っている。

【18】村田《むらた》 省蔵《しょうぞう》

明治十一（一八七八）年〜昭和三十二（一九五七）年。

高等商業学校卒業後大阪商船に入社。副社長、社長に就任して、大阪商船を日本を代表する船会社に育て上げる。大阪商船は南米航路にも力を入れてブラジル移住者の発展にも寄与した。

海運自治連盟理事長、貴族院議員、逓信大臣、鉄道大臣、フィリピン占領軍最高顧問などを歴任。南米殖民会社や日伯綿花、ブラジルの日南産業の経営にも関わり、ロータリークラブや自由通商協会では平生釟三郎と行動を共にした。

戦後はA級戦犯容疑者として巣鴨に収監。その後フィリピン賠償会議担当特命全権大使を務め、中華人民共和国との「日本国際貿易促進協会」の設立に関わり、周恩来や毛沢東にも対面して、後の廖承志と高碕達之助による「LT貿易協定」に繋げた。

経済更新会

昭和四（一九二九）年七月、田中義一首相が張作霖爆殺事件の処分をめぐって天皇に叱責されて辞職し、民政党の浜口雄幸が総理大臣に就任すると、軍備縮小、緊縮財政、金解禁、国際協調をその政策として発表した。

この時大阪財界は、平生釟三郎、阿部房次郎、安宅彌吉、村田省蔵、岩井勝次郎らが中心となって、浜口内閣を支援する政治団体「経済更新会」を旗揚げする。釟三郎らは選挙資金を集め、各地で講演会を開いて浜口内閣および井上準之助蔵相を応援した。そして翌昭和五（一九三〇）年二月の衆議院議員選挙では、浜口総裁率いる民政党が圧勝した。

浜口と井上は金解禁と緊縮財政を実行し、またロンドン軍縮条約の締結に取り組んで、昭和五年十月に枢密院の承認を得て批准したが、ロンドン軍縮条約の締結は統帥権干犯だとして、政友会の犬養毅や鳩山一郎からは衆議院で、また、院外では右翼からも攻撃され、浜口は同年十一月に狙撃されて重傷を負うに至った。

体調の優れない浜口は翌年四月に辞任して、後継は同じ民政党の第二次若槻礼次郎内閣となったが、浜口は回復しないまま、昭和六（一九三一）年八月に死去する。第二次若槻内閣も、前年に発生した世界恐慌により、日本経済も昭和恐慌と呼ばれる深刻な経済危機に陥り、また、満州事変後の政局の混乱もあって、同年十二月に総辞職して政友会の犬養毅内閣に政権が交代する。そして昭和七（一九三二）年二月に行われた衆議院議員選挙でも民政党は惨敗したため、釟三郎の「経済更新会」の活動は挫折する。

大阪軍縮促進会と軍事研究会

昭和六（一九三一）年初頭、貴族院議員の関直彦が東京で「軍縮国民同盟」を結成し、その大阪支部立ち上げの要請に応えるために、釟三郎は同年三月、阿部房次郎【19】、高原操【20】などと協議して「大阪軍縮促進会」を結成した。この「大阪軍縮促進会」の活動もまた「自由通商協会」と同様に、東京よりも大阪の方が活発であった。

　この頃の大阪財界は、満州における軍部の勝手な行動や軍備拡張政策に反対し、日本と米英との対立を回避して、自由通商方針を堅持すべきだとする機運がまだ強かったからである。

　しかしこの運動が活発化し、大阪財界が軍縮運動の一大勢力になることを軍部は大いに危惧した。そのために、陸軍は後宮《うしろく》淳陸軍参謀長を差し向けて、「大阪軍縮促進会」を懐柔しようとして企図された会合が「軍事研究会」であった。釟三郎らは、これも軍部を説得するよい機会と考えて、この「軍事研究会」に参加することとした。

　この「大阪軍縮促進会」に対しては、街頭では、「国粋大衆党」などの右翼組織が「亡国的軍縮排撃連盟」を結成して、ビラや立会演説会で攻撃し、声明文や警告書を送り付け、あるい

【19】阿部《あべ》房次郎《ふさじろう》

慶応四（一八六八）年～昭和十二（一九三七）年。滋賀県近江出身。近江銀行、近江製油、阿部製紙、金巾製織などの役員を歴任し、金巾製織、大阪紡績、三重紡績が合併後の東洋紡績専務となり、後に社長となる。昭和レーヨン、王子製紙などの取締役、大阪商工会議所顧問、大日本紡績連合会会長などを歴任。

【20】高原《たかはら》操《みさお》

明治八（一八七五）年～昭和二十一（一九四六）年。

大阪朝日新聞主筆、当時「普選と軍縮の高原」と呼ばれ、軍部を批判するなど大正デモクラシー時代の言論第一人者。夏目漱石とも親交があった。

は高原が主筆を務める大阪朝日新聞社に対しては、非国民、売国奴などと罵るなどの脅迫まがいの行動も行い、在郷軍人会は大阪朝日新聞の不買運動を展開した（伊藤隆　2010）。

しかし釟三郎や高原らは、このような圧力にも動じることなく、後宮陸軍参謀長らの陸軍第四師団幹部を前にして、関東軍が日本政府の命令に依らずに独断で張作霖爆殺事件を起こしたことを批判し、また軍備の膨張は国家の基礎を危うくするとも言って意気盛んであった。

満州事変と釟三郎の迷い

しかし、昭和六（一九三一）年九月に満州事変が勃発すると、釟三郎の軍縮論に迷いが見られるようになり、ある日には軍部の独走を批判する発言をしたかと思うと、別の日には軍部の満州占領を支持する発言をするなど、釟三郎の思いは次の如く大いに揺れて行く。

「主権者と認むべきもの満州になく交渉の相手なしとせば…保証占領を継続して自己の主張を実行するの外なからん。支那の如き…戦国当時と何等異なるところなき政治状態の国に対して交渉をなすことは不可能なれば、自己の正当なる主張は之を各国に声明して其主張の貫徹を図るのほか策なし」（『平生日記』昭和六年九月二十八日）。

「満州に於ける壮年士官は上長の命令に服せず、陸軍大臣…の命令を無視して…満蒙奪取を目的として画策しつつあり…。軍人が上官の命に服せず政治を自己の手に取るに至りては真に憂ふべき事にして…大国難と言はざるべからず」（同、六年十月十五日）。

「世界の資本主義国が…自国のみを富強

ならしめんとする国策を固守する以上、境土狭少にして人口稠密、自給自足不可能の国にありては…国民としても生存権を主張せざるべからず」(同、六年十二月二十二日)。

満州事変　奉天入城
南満洲鉄道(株)編『満洲事変写真帖 1932 年版』より
(国立国会図書館デジタルコレクション)

日本の満州権益

南満州鉄道の敷設権は、もとは一八九六年にロシアが清朝との露清密約によって取得したものを、日露戦争後のポーツマス条約によって日本がロシアから取得し、その後一九一五年に、中華民国総統の袁世凱によって、租借期限が九十九年間延長されたものであり、日本は、国際法上はこの権利を正当に保有していた。

治安の悪化によってこの権利が脅かされた場合には、その治安維持の責任は、本来は中国国民政府にあるが、満州権益を保護するためと称して、日本は独自の判断で、時には陸軍中央の判断も仰がずに、関東軍の判断だけで軍隊を動かした。

当時の満州は、清朝末期の軍閥

の勢力が残存し、また中国共産党も勢力を伸ばしており、国民政府の支配力は十分には及んでいなかった。そして何よりも、日本が手を緩めればソ連が満州を支配するという恐怖心が日本にはあった。無論これは、中国国民政府の見解とは異なるものであるが、当時の日本では「この地は交渉相手不在」という認識が一般的であったのである。

満州事変を調査して、昭和七（一九三二）年十月に発表された国際連盟の「リットン報告書」においても、日本軍による自国権益の防衛行為そのものについては、一定の理解が示されている。

昭和六年という年

この昭和六（一九三一）年という年は、前年に始まった経済恐慌が一層深刻化した上に、冷害による北日本の大凶作が重なって、社会不安が最も高まった年であり、共産主義思想が弾圧される一方で、国家社会主義思想が伸長し、右翼と革新派将校による、三月事件や十月事件と呼ばれるクーデター未遂事件などが発生し、満州事変が勃発した年である。

これらの事件を起こした右翼活動家や少壮軍人の根底には、私利私欲のために毫も国利民福を考慮しない、当時の政治家や財閥・資本家に対する強烈な憎悪と反感があり、釟三郎は軍部の暴走には危機感を覚えつつも、彼ら少壮軍人の心情には共感するところがあった。

したがって「軍事研究会」において、軍の暴走に対しては厳しく批判するも、政治家と財閥・資本家の腐敗を批判する軍人の心情に共感する釟三郎に対しては、後宮陸軍参謀長や阿部信行第四師団長は好意を寄せるようになり、釟三郎も意気投合する様子を見せる場面もあり、阿部の後任である寺内寿一陸軍中将とも、釟三郎は知己を得ることになる。

後に北支方面軍司令官となる寺内が、その最高経済顧問として釟三郎を迎える下地が、ここに築かれることとなった。

政治活動の封印と社会奉仕に専念する決心

当時の社会状況は、深刻な経済不況と政治不信によって、社会的緊張が極度に達していた時期であり、このような時期に引き起こされた満州事変は、日本が満蒙に進出することこそが、この日本に蔓延する閉塞感を打開することができるという錯覚を生むことになる。

そして満州権益確保のために「満蒙は日本の生命線」と呼ばれるようになり、昭和七（一九三二）年一月に、天皇による、「関東軍は自衛の必要上、素早く事変に対処して匪賊を掃討し、非常な困難を克服してよく頑張った。これからも東洋平和の基礎を確立し、朕の信頼に応えるよう努めよ」という趣旨の『満州事変に際し関東軍に賜はりたる勅語』が渙発されるに至る。

その結果、関東軍が中央の承認を得ずに独断で軍事行動を起こしたという越権行為は不問にされて、満蒙（満州と内蒙古）を日本の政治経済圏として確保する方針は、天皇が認めた日本国の方針となり、これに異を唱えることは不可能となる。その頃の心境を釟三郎は、次のように日記に記している。

「余はどこまでも…平和の手段を以て国運の発展をはかり…Rotary Club員として力を尽くして居るが、この自由通商が実行不可能なれば、我国は生きんがため、勢満蒙の地に出陣せざるべからず」（『平生日記』昭和六年十二月十七日）。

「天皇陛下は…勅語を下し賜ひて大に軍人を鼓舞せられ…我々軍縮論者の如きは

黙々として皇運の悠久を祈るの外なし」

（同　昭和七年一月五日）。

昭和七（一九三二）年二月には、次期民政党総裁に目されていた井上準之助が、そして三月には、三井財閥総帥の団琢磨が相次いで暗殺されるという血盟団事件が起き、同年五月には、首相官邸、日本銀行、警視庁などが襲撃されて、犬養首相が暗殺されるという五・一五事件が起きる。

このように、満蒙を政治経済圏として確保することが国是となり、しかも右翼テロが財界や政府の中枢にも及ぶようになって、自由通商や軍縮といった政治活動をすることは不可能となり、釟三郎の「大阪軍縮促進会」と「自由通商協会」の活動は挫折する。

「自由通商協会」はその後も存続するが、昭和十五（一九四〇）年には、「共栄経済協会」に改称して、日満支（日本・満蒙・支那）の共栄圏内の自由通商を研究する団体という、自由通商理念を矮小化した団体に変貌する。釟三郎の主張も、「世界との自由通商」から「大東亜共栄圏内の自由通商」に変節することを余儀なくされる。

このように、政治運動では大きな挫折を味わった釟三郎ではあったが、その社会奉仕の志は衰えることなく、その後は政治運動からは一旦離れて、労働問題や移民問題などの社会・経済問題に向かうこととなる。

第十一章

川崎造船所社長

和議整理委員就任

政治や社会に対して積極的な発言をする釟三郎に対して、世間は注目するようになる。そして東京海上の名経営者としての実績と、海運・造船業界にも明るいことを買われて、昭和六（一九三一）年八月、釟三郎は、破産の淵にあり強制和議を申し立てていた、川崎造船所の整理委員の一人に選任される。他に川西清兵衛（日本毛織や川西航空機の創業者）、長尾良吉（元鐘紡社長）および榎並充造（バンドー化学社長）が整理委員に就任し、弁護士三名も加わった。

川崎造船所は、第一次大戦後の海運不況時にも積極経営を続けていたが、昭和二（一九二七）年の金融恐慌で主力銀行の十五銀行が破綻したことにより、同社の信用不安が表面化して、神戸地方裁判所に強制和議の申請をしたのであった。

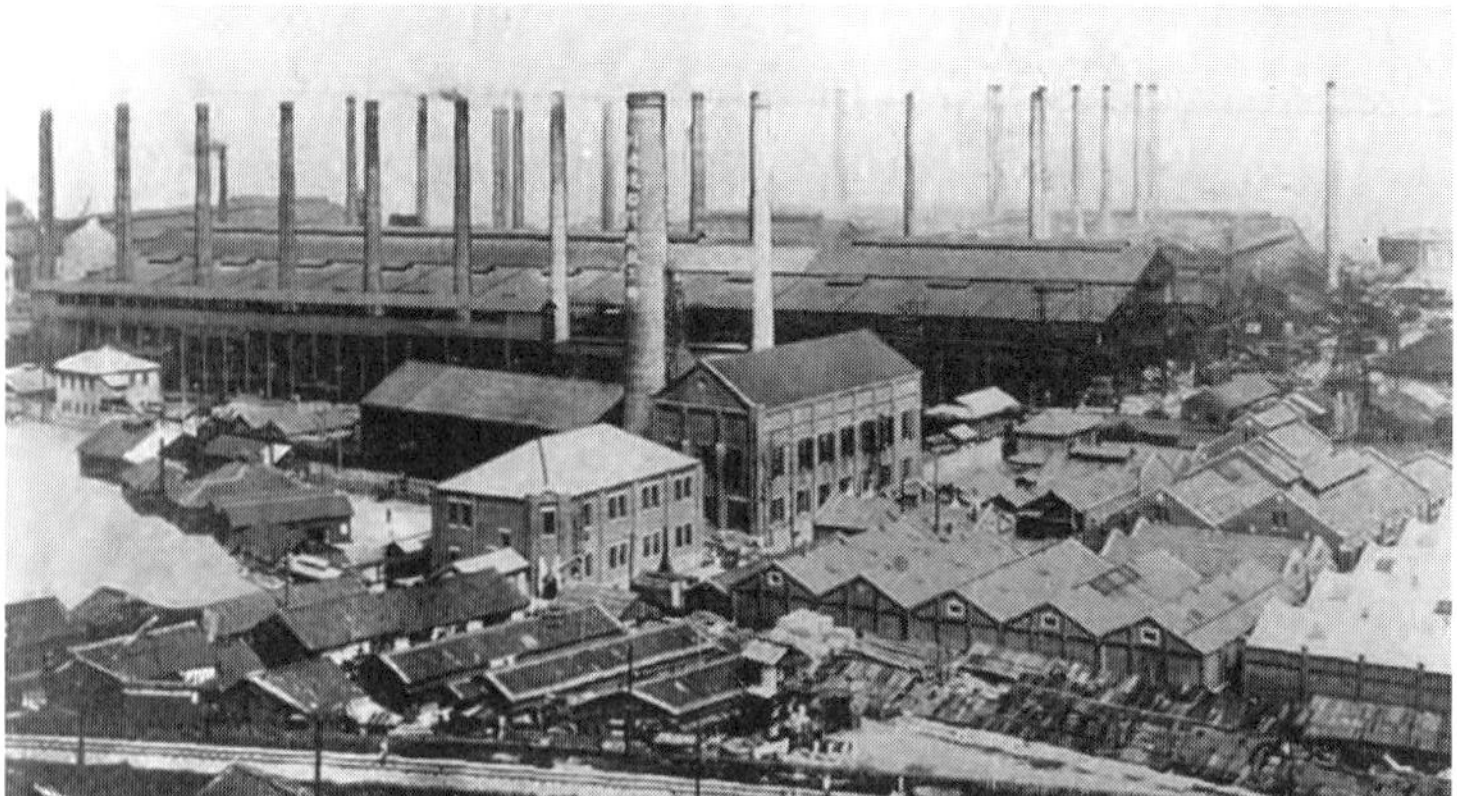

1930 年頃の川崎造船所製鈑工場　（出典元：川崎重工業㈱）

当初、釖三郎は多忙を理由に整理委員就任を断っていたが、再三の要請を断り切れず、これも社会奉仕の一つと覚悟して就任した。川崎造船所の破綻は更なる金融不安に繋がる恐れがあり、また同社の社員・職工のみならず、その下請けや出入り業者にも影響を与えて、更なる失業者が発生すれば、神戸市とその周辺に大きな影響を与えかねない社会問題となる恐れもあったからである。

釖三郎ら整理委員は会社内容を精査して、債務総額一億四千余万円に対して正味資産は八千万円という金額を割り出して、債権者に対して大幅な債権放棄を求める整理案を作成した。

債権者からの抵抗のため、その調整には丸一年を要したものの、大まかに言って無担保債権については、債権放棄十分の三、優先株転換十分の四、長期分割返済十分の三という和議条件を取り纏めて、昭和七（一九三二）年八月の債権者会議において、最終的な和議条件が承認される。

川崎造船所社長就任に至る経緯

しかし和議会社を再建することは至難の業であり、誰が社長になるかという大きな問題があった。和議の過程をつぶさに見ていた関係者らは、事実上の整理委員長として、多くの債権者を譲歩させて和議条件を詰めて行った釖三郎こそが社長に就任すべきだとして、釖三郎に懇請していた。

釖三郎は甲南病院の開設という大きな仕事を抱えていた他、海外移住組合連合会会頭と自由通商協会常務理事という、自分が先頭に立って動かなければならない仕事があった。その他にも甲南学園理事長、兵庫県教育会会頭、文政審議会委員、カナモジ会理事、そして東京海上ほか数社の取締役や監査役にも就任中であり、極めて多忙であった。そして何よりも釟三郎は東京海上専務退任時に、今後の人生は社会奉仕に専念するとして、企業経営者には復帰しないことを公言していたこともあって、当初は社長就任を謝絶した。

釟三郎は、川崎造船所の創業者川崎正蔵の孫である三十九歳の川崎芳熊を将来の社長として育てるために、未熟な芳熊を支える人格高潔で経営能力にも優れた人物が社長になるべきだと考えて、そのような人物の到来を待った。

海軍は海軍中将を推薦してきたが、軍人に民間企業の経営ができる筈はなく、川崎造船所の重役陣の中からも社長の座を狙う者も現れたが、彼らは川崎造船所の経営を悪化させた張本人であるため、現重役の中から社長を出す訳には行かなかった。釟三郎はこれらの申し出を拒絶し、次第に自分が担うしかないと考えるようになって行く。

神戸市のため一万余人の職工のため

昭和七（一九三二）年十二月、整理委員の一人である長尾良吉から、「神戸市のため一万余人の職工及びその家族のため、ひいては川崎造船所の株主のため奉仕的に一肌脱がれたし」と

蟹工船「日新丸」1936 年川崎造船所竣工

航空母艦「瑞鶴」1941 年川崎重工業竣工
（いずれも出典元：川崎重工業㈱）

懇請され、また東京海上の盟友各務鎌吉からも、「吾々両人は正しき道を踏み私利に耽らずして今日に至り、両人共に社会的に尊敬を受けて重要なる地位を offer さるることは大いに愉快ならずや」と背中を押されたため、遂に釟三郎は社長就任を決意した。

翌昭和八（一九三三）年一月、釟三郎は、日本商工会議所会頭の郷誠之助、日銀総裁の土方久徴、日本経済連盟会会長の井坂孝の三名から正式の川崎造船所社長就任要請を受けて、

○社長報酬は辞退する。
○現在就任中の職務は従来通り継続する。
○会社人事は自分と川崎芳熊に一任する。
○会社金融は日銀と銀行団が支援する。

という四つの条件を認めさせた上で社長就任を了承した。釟三郎六十六歳の時である。川崎造船所再建にあたっての釟三郎の並々ならぬ決意は、同年三月の日記に見ることができる。

「川崎造船所は壱万数千人の職工を有す。この able workmen こそ資本以上の宝である。資本以上の原動力である。…この職工の利害のため生活の安泰のため努力し、この職工を味方とせんか、資本の力の如きは実に微弱である。…工場は労資の協調に待たざるべからず。資本主義的利己欲を捨て職工の安住の地たらしめざるべからず」（『平生日記』昭和八年三月四日）。

川崎造船所社長に就任

釟三郎は昭和八（一九三三）年三月に社長に就任し、従来の重役全員に辞表を提出させて新たな重役を選任し、鋳谷正輔【21】を専務に就任させて、釟三郎と鋳谷は二人三脚で川崎造船所の再建に当ることになる。鋳谷は釟三郎の

旧来の友で、甲南病院設立に際しては、大正十四（一九二五）年の設立構想時から昭和九（一九三四）年の病院開業まで、釟三郎と苦労を共にした人である。

【21】 鋳谷《いたに》 正輔《しょうすけ》
明治十三(一八八〇)年～昭和三十(一九五五)年。山口県出身。山下汽船専務、北海道鉱業社長などを経て、川崎造船所専務、社長、川崎重工業会長、川崎車輌、川崎航空、川崎汽船、昭和石油の社長、経団連、日経連の顧問を歴任。甲南病院、川崎造船所そして大日本産業報国会では釟三郎と行動を共にしている。

経営の効率化と労働時間の延長

川崎造船所は、その最大の事業部である造船部門が大きな赤字を垂れ流していたため、釟三郎は早速この改革に着手する。和議申請後一時途絶えていた海軍の軍艦受注は、満州事変後の積極財政による軍備費増加によって再開していたが、完成後受注が途絶えると設備も職工も遊休資産となってしまうため、安定受注を確保することが必要であった。そのために釟三郎は、海軍本部や横須賀、呉、佐世保などを歴訪して、川崎造船所の信頼回復に努めた。

しかし海軍艦船の受注金額は低く抑えられており、当時の川崎造船所では、金利や減価償却費、本部経費を含めると赤字の状態であったため、最新の機械を導入して効率を上げ、労務費や原材料コストの削減を図ることが急務であった。

そのためには造船部門に優秀な工場長を迎えることが不可欠であったため、当時海軍の徳山燃料廠長であった吉岡保貞機関中将を取締役待遇で艦船工場長に招聘した。そして釟三郎は、資材管理、原価計算、内部監査、賃金給与などの制度の新設または改訂をし、また予算と実績との差異を分析してコストダウンに努めた。吉岡工場長も釟三郎の期待に応えて、工場内を良く掌握して業務効率を大幅に改善した。

　続いて釟三郎は、従業員の就業条件の大幅な改革を実行する。社内の職制改革や信賞必罰の徹底を図るとともに、一部解雇や高給職工の減給、および一日の労働時間を八時間から八時間半への延長を実行した。先に第三章で述べたように、あの大労働争議を経験した会社において、これらの施策を極めて平穏に実施したことには周囲も驚いた。その背景には、無報酬で再建社長を引受けた釟三郎の公平無私の人柄への信頼と、鋳谷専務と吉岡工場長の絶大な人望があったからだと言われている。

川崎東山学校の設立

　釟三郎は、従業員の福利厚生や教育面でも新しい施策を実行した。従業員教育では、昭和十（一九三五）年の青年学校令に基づく、「川崎東山学校」と呼ばれる学校を設立（昭和十年八月設立認可、昭和十一年四月開校）する。高等小学校卒の乙種見習工員を対象とする四年制の第一部門から、大卒新入社員を対象とする第四部門までを設けた。

川崎東山学校　（出典元：川崎重工業㈱）

　第一部門では、全員を寄宿舎に収容して二班に分け、一週間交代での工場実習と全日制の学校教育を全国に先駆けて行った。当時の他の青年学校が工場実習後の夜間学校として行われていた中で、アメリカの見習職工学校の制度を参考にして、人格の陶冶を重視した一般教養の教科を積極的に取り入れて、隔週の全日制教育を行うという画期的な取り組みであった。

その後、昭和十五（一九四〇）年の第二次青年学校令と技能者養成令の施行に伴って、見習工員の養成は、艦船、製鈑、泉州（潜水艦部門）の三工場に開設した「川崎青年学校」が担うことになり、「川崎東山学校」は中堅技術者の養成に特化することになったが、両校とも、昭和二十（一九四五）年の日本の敗戦とともに廃校となった。

川崎病院の設立

釻三郎は従業員とその家族の健康管理にも取り組んだ。当時も社内診療所があったが、家族を含めて安心して治療を受ける水準には程遠かった。また会社の業容も拡大して従業員数も増加していたため、医療施設の増強が望まれていた。

釻三郎は昭和九（一九三四）年二月の取締役会で病院設立を発議して認められ、翌年十二月に地下一階、地上五階建の本館（延二三四二坪）と、地下一階、地上二階建の第二病棟（延四六九坪）が完成した。院長には阪大第一内科出身の松岡全二が就任した。

設立当初の川崎病院　（出典元：川崎重工業㈱）

川崎病院は、川崎造船所とその関連会社の従業員、およびその家族の合計十万人を対象として開設されたが、昭和二十五（一九五〇）年に医療法人川崎病院として一般市民にも開放されて現在に至っている。

この他にも釖三郎は、第八章で述べた、岡本利吉の「純真社食堂」を思わせるような、当時としては前例のない「栄養食配給所」を開設し、従業員のために栄養に配慮した食事を提供すべく、当初は一日平均七千食を一食十二銭で配給し、昭和十四（一九三九）年に長田配給所を増設してからは一日平均一万四千食を配給した。

川崎造船所は、昭和十四（一九三九）年に川崎重工業に社名を変更して現在に至っているが、「正しく働く者に幸せを」や「心身を穏やかに、生活を豊かに」という釖三郎が語ったとされる言葉が、現在でもその社史に見ることができる。

釖三郎の社長退任

昭和十（一九三五）年十二月、川崎造船所の収支は黒字に転じ、株式配当を八年振りに復活させた。釖三郎は当初の約束通り二年で再建を果たしたとして、次期社長に鋳谷を、次期専務には吉岡工場長を指名して、釖三郎は社長を退任する。「川崎をして全従業員安住の地たらしめる」という当初の約束が達成されたのである。そして会社は定款を変更して新たに会長ポストを設け、釖三郎は会長に就任する。

しかし昭和十一（一九三六）年三月に、釖三郎は文部大臣に就任することになったため、この会長職も辞任することになった。

この時、川崎造船所は三十万円の退職慰労金を贈ることを決議したが、釖三郎はこれを辞退する代わりに、川崎造船所から甲南病院と川崎東山学校に各十五万円を寄付してもらうこととした。

川崎造船所は、この十五万円を基金として「財団法人平生育英会」を設立して、次のような事業を行った。

（1）真摯な研究を続けている従業員への研究費又は学費の援助。

（2）川崎東山学校生徒と一般従業員のための巡回文庫「平生教養文庫」の設置。（約七千冊の図書を各工場や寮舎で巡回閲覧）

尚、前述のとおり、川崎造船所は昭和十四年（一九三九）年に社名を川崎重工業に変更した。その後同社は、太平洋戦争における米軍の空襲によって大打撃を受け、戦後は財閥解体にも遭ったが、今日では、製鉄部門は川崎製鉄を経てＪＦＥスチールとなり、造船、車両、航空機等の部門は引き続き川崎重工業として、両社はともに日本を代表する大企業として今日に至っている。

ブラジル移住者支援と貿易の拡大

釻三郎のブラジル移住者支援の始まり

日本の人口は、明治初期の三千五百万人から昭和初期には六千万人へと急激に増加し、農村部では旧来の農村構造が崩れて、日本は過剰人口問題に直面していた。政府は海外移民を奨励するようになり、移民先は明治十八（一八八五）年のハワイに始まり、その後アメリカ本土に広がって行く。

しかし大量の移民はアメリカ合衆国で黄禍論を引き起こし、大正十三（一九二四）年に合衆国は移民受入制限法を制定して、日本人移民を厳しく制限するようにしたため、日本政府は新たな移民受入国を開拓する必要に迫られていた。

第三章で述べた通り、釻三郎のブラジル移民

ブラジルへ初めて移住者を運んだ笠戸丸を描いた絵画　画：野上隼夫
（画像提供：財団法人日伯協会）

問題への関心は、大正十三（一九二四）年から翌年にかけて、東京海上専務在任中にブラジルを訪問した時に始まっている。

この時のブラジル訪問によって、釟三郎は、現状の出稼ぎ労働者移民ではなく、土地所有を伴う自営農移民でなければならない、そして教員、医師、商工業者などを含めた、定住者移民を推進すべきだという考え方を持つに至り、その一助にでもなればと、サンパウロ州のレジストロ殖民地近くのリオ・レベリオ川沿いに、二千四百町歩の土地を自ら購入している。

『平生釟三郎』の著者河合哲雄は、釟三郎がブラジルを訪ねた理由を次のように説明している。

「釟三郎は…日本における人口過剰問題を解決するには移民を遂行するの外なく、それには南米が日本人にとって最適であろうと考えていたからで、実地の視察によってこれに関する意見を確立するためであった」（河合哲雄　1952）。

ブラジルから帰国後の釟三郎は、気候寒冷で、既に中国人が住んでいる地に割り込むことになる満州よりも、気候温暖で広大な処女地が広がっている、ブラジルへの移民を盛んにすべきだという趣旨の講演を各地で行い、ブラジル移民問題に積極的に関わるようになって行く。

日伯協会への参加と神戸移民収容所の建設

大正十五（一九二六）年、釟三郎は、神戸財界が中心となって設立した日伯協会の設立委員会に出席して、次のように述べている。

「余は日伯間に於ける移民及貿易問題は真に重要にして且緊急なるものなれば、朝野心を一にして移民の為めに考慮せざるべからず。…必ずブラジル移民は年と共に盛大となり、過剰人口の一のexodus（筆者注　旧約聖書にある出エジプト記、転じて多くの移民の送り出しのこと）となるのみならず、将来日伯間の貿易の基を造るに至るや明らかなりと思ふ。…この協会の力を以て政府に向けて神戸に一大移民収容所（移民センター）を建設し…移民の講習をなしたる後渡航せしめんか、其便益や大なりといふべし」（『平生日記』　大正十五年四月十五日）。

七月の理事会では、政府に対して移民収容所建設を建議することを決定し、釟三郎は神戸市長らと共に上京して、浜口雄幸内務大臣と会見して移民収容所建設を陳情した。そして国立神戸移民収容所（後の神戸移住センター）が昭和三（一九二八）年二月に開設されることになる。

海外移住組合連合会会頭 兼 理事長に就任

昭和六（一九三一）年二月、釟三郎は海外移住組合連合会の二代目会頭兼理事長に就任する。

連合会は、それまで各府県単位で運営されていた海外移住組合を統括するために、昭和二（一九二七）年に設立されたが、梅谷光貞らが率いる長野県を筆頭に、各県の海外移住組合の力は強く、連合会による統括は思うように進まなかった。また、連合会の経営は杜撰で、業務は沈滞して巨額の欠損を抱える状態にあったため、従来からブラジル移民を国家百年の長計にすべきだと主張していた釟三郎に、白羽の矢が立ったのである。

釟三郎は、甲南学園や甲南病院での多忙を理由に一旦は断ったが、結局、宮坂国人【22】を専務理事に据えることを条件に会頭就任を受諾した。

【22】宮坂《みやさか》 国人《くにと》

明治二十三(一八九〇)年〜昭和五十二(一九七七)年。長野県出身。

拾芳会第一期生。神戸高商卒業後海外興業に入社し、ペルーやフィリピンなどで移民事業に従事。昭和六年に海外移住組合連合会専務としてブラジルで四つの日本人殖民地を経営。ブラジル拓殖組合専務理事、日南産業専務、南米銀行の社長、会長を務めて現地の日系企業を育成し、日語普及会会長、日本文化協会会長としてブラジル日系人社会の発展に尽力した。

ブラジル南十字星勲章受勲、サンパウロ名誉市民。昭和四十二年四月に勲三等旭日中綬章を受勲、同五十二年に勲二等瑞宝章が追贈。没後に宮坂国人記念育英基金が設けられた。

日米開戦後、日本政府や釟三郎の帰国勧告にも拘わらず、宮坂は残留日本人移民支援のためにブラジルに残り、戦後南米銀行を再建。

昭和四十七（一九七二）年に退職して日本に帰国するも、妻を引き連れてブラジルに戻り彼の地で永眠。

宮坂国人の獲得とその目覚ましい働き

宮坂は拾芳会の第一期生で、神戸高商卒業後は海外興業に入社して、ペルーやフィリピンなどで一貫して殖民事業に従事しており、海外移住者支援事業の実務責任者としては最適の人物であった。海外興業は半官半民の会社であり、同社社長は釟三郎と拓務局長による説得に応じて、宮坂の連合会への転籍を承諾した。

宮坂は専務理事に就任後、ペルーの殖民事業で共に働いていた加藤好之を引き連れて直ちにブラジルに向う。そして海外移住組合連合会の現地組織であるブラジル拓殖組合（ブラ拓）の専務理事に就任して、現地の事情を詳細に調査して移住者の渡航費、標準的移住者の農地購入価格、営農実態などを調べ上げた。

更に宮坂は、移住者への貸付金、返済方法、為替変動リスクなどに関する法律や施行規則制定の必要性を訴え、各府県の移住組合や移住者送り出し窓口機関である海外興業の募集宣伝方法や、渡航・入殖に関する業務の見直しなどを行った。また連合会の累積欠損処理案や、政府補助金の必要額の算定も行った。

釟三郎はその計画案を示して拓務大臣の内諾を得るも、内閣が頻繁に交代するたびに同じ説明を強いられて予算獲得には苦労し、あるいは予算が承認になっても予算執行の遅延に悩まされた。

拓務省や大蔵省と談判するも埒《らち》が明かず、一時は自分で資金を立替える事態にも陥り、釟三郎の憤懣は頂点に達して、拓務次官を面罵したこともあったという。それでも宮坂はアリアンサなどに諸施設を建設して営農指導を行い、その結果、移住者の定着は徐々に軌道に乗り、新規移住者数は増加して、年間二万人を上回るようになる。

海外移住組合連合会は、昭和十二（一九三七）年に日南産業として組織替えとなり、またブラ拓も同年に、銀行部、商事部を置くなどして業容を拡大し、釟三郎は社長に就任して、その実質的な経営は専務取締役に就任した宮坂が担うことになった。

その後、銀行部は南米銀行に改組し、日米開戦後は資産凍結を余儀なくされるなどの困難に直面したが、宮坂と加藤はブラジルに残留して、南米銀行の資産と日本人移住者の預金を守り通した。

突然のブラジルの移民制限法施行

当時の日本は綿織物産業が盛んであり、昭和七（一九三二）年には、原料である棉花輸入の七十パーセントをアメリカに依存するようになっていたが、第一次大戦後の世界経済のブロック化の進行と、アメリカとの関係悪化により、棉花輸入は他国を開拓する必要に迫られていた。

そしてアメリカ合衆国による日本人移民受入停止後、日本人移民の最大受入国となっていたブラジルでも、昭和九（一九三四）年五月に外国人移民制限法が施行されて、毎年二万人に達していた日本人移民数は、三千余人に縮小されるという事態に陥っていた。

駐ブラジル大使の澤田節蔵【23】は、日本人移民に対する誤解を解いて両国関係の悪化を防止するためには、日伯両国の貿易振興を図ることが先決であるとして、訪伯経済使節団派遣の必要性を進言した。これを受けて昭和九（一九三四）年の秋、岡田啓介内閣はブラジルに民間経済使節団を派遣することを決定し、同年十月、釟三郎は坪上貞二拓務次官から呼び出しを受ける。訪伯経済使節団の団長になれという話である。

【23】澤田《さわだ》 節蔵《せつぞう》

明治十七（一八八四）年～昭和五十一（一九七六）年。鳥取県出身。東京帝大卒業後外務省に入省。国際連盟日本代表やブラジル大使を歴任。大戦時には鈴木貫太郎内閣顧問として、第二次世界大戦の早期終結のため、クリスチャンとしてバチカンへの働きかけも行った。

澤田廉三（元国連大使、妻美喜は岩崎久弥の長女）と澤田退蔵（富士紡績元専務、妻光子は各務鎌吉と岩崎弥太郎の姪繁尾の一人娘）は、共に節蔵の弟であり、澤田三兄弟として有名。節蔵の次妹愛子は釟三郎の長男太郎の妻。

訪伯経済使節団の団長に就任

この時も釟三郎は、多忙と高齢を理由に就任を断り続けたが、川崎造船所から、そして甲南高等学校からも、「国家のため」と釟三郎の背中を押したため、これを引受ける決心をした。

そして昭和九（一九三四）年十二月、釟三郎は拓務省に赴いて、訪伯経済使節団団長に任命された。釟三郎六十八歳の時である。

この時、釟三郎は甲南高等学校校長に就任して二年目であり、甲南病院も開院間もない時であったが、甲南高等学校は伊藤忠兵衛理事と神田正悌教頭に、甲南病院は同院事務長の澤正治に任せることにした。


使節団は関桂三（東洋紡常務）、伊藤竹之助（伊藤忠商事専務）、岩井尊人（三井物産常務）、渥美育郎（大阪商船取締役）ら、棉花・綿織物業界と海運業界のメンバーを中心とした十六名の構成からなり、すゞ夫人も同伴した。

使節団は昭和十（一九三五）年四月に秩父丸で神戸を出発し、サンフランシスコから陸路でニューヨークに行き、再び船に乗ってリオ・デ・ジャネイロに五月に到着した。ブラジル政府は使節団一行を国賓待遇で歓待した。


最初の一週間は、棉花を中心に日伯貿易発展の可能性のある物品、および金融、運輸などの調査をした。第二週目はサンパウロ州の調査、第三週目は二班に分かれてミナス州とバイア州の調査をした。第四週目はリオ・デ・ジャネイロに戻り、棉花の品種改良、品質規格の統一、棉花取引所監督制度の拡充、インフラの整備、物流コストの改善など、具体的な問題をブラジル各界の実力者との間で根気よく会議を重ねて行った。

その結果、日伯通商協会の設立と両国観光局の提携、および借款・為替・投資についての合意を得ることができたが、移民制限法の緩和問題については、経済使節団という性格上、公式議題には至らなかった。

それでも入殖地の日本人移民は、棉花貿易の拡大方針に応えて棉花栽培に注力し、後にサンパウロ州棉花の七割以上を日本人移民が生産するようになり、棉花増産への期待は高まって日本人移民の受入増加に繋がることになる。

　六月十二日に使節団は現地で解散したが、その前日の日伯経済会議の席で、釟三郎はブラジル政府より、コメンダドール勲章が贈られた。

ブラジル大統領（中央）と平生釟三郎（右隣）および訪伯経済使節団
（画像提供：甲南学園）

突然の病気で死を覚悟

　使節団解散後も釟三郎は、一部団員とともにブラジル南部のリオグランデ・ドスール州を二週間に亙って調査した。そして引き続きウルグアイとアルゼンチンも視察する予定であったが、途中で悪性の腸炎（赤痢又は腸チフス）を発症した。激しい下痢に悩まされながらもウルグアイを通過して、三日目にやっとのことでアルゼンチンのブエノス・アイレスに到着し、アレマーネ病院に担ぎ込まれて一ヵ月間の入院をする。

　一時は重体に陥ったため、釟三郎は死を覚悟して、関係先と家族などに遺書を書いた程である。

　幸い症状は回復して八月初めに退院することができ、釟三郎はリオそしてニューヨーク経由ロンドンに渡り、六女の水澤美津とともに一足先にロンドン入りをしていたすゞ夫人と合流して、ヨーロッパ数ヵ国を回り、ナポリからインド洋周りの一ヵ月の船旅を楽しんだ後、昭和十（一九三五）年十月末に帰国した。

ブラジル経済使節団の大成功

こうして釟三郎の訪伯経済使節団は大成功を収め、両国の貿易額は二年後の昭和十二（一九三七）年には十倍になり、日本からブラジルへの移住者数も、昭和十六（一九四一）年の日米開戦で日伯が国交断絶するまでは、毎年二万人前後を維持することになる。

経済使節団がブラジルを訪問した翌年、釟三郎が文部大臣在任中の昭和十一（一九三六）年九月に、今度はブラジルの訪日経済使節団が来日して、日本政府も国賓待遇で歓待した。そして昭和十四（一九三九）年十月には、先の訪伯経済使節団の功績により日伯間の貿易額が飛躍的に拡大したとして、再びブラジル政府から釟三郎にグランデ・オフィシェ勲章が贈られている。

第十三章

貴族院議員と文部大臣

貴族院議員に勅選

川崎造船所の再建、海外移住組合連合会の再建、およびブラジルへの訪伯経済使節団の成功という実績が高く評価されて、昭和十（一九三五）年十二月、釟三郎は岡田啓介首相の奏薦により貴族院議員に勅選される。

釟三郎は、日本・ブラジル間の貿易拡大という成果を携えて帰国した直後であり、「世界人類の幸福と平和は、ロータリー精神と自由通商主義によってのみ得られる」、という思いを再び強くしていたので、そのような意見を帝国議会で陳述する機会を得たことを喜んだ。

しかし翌年二月に、二・二六事件が起こり、事件後に組閣した広田弘毅内閣の文部大臣に任ぜられることになったため、釟三郎が貴族院でこのような意見陳述をする機会は訪れなかった。

文部大臣就任式に向かう釟三郎
（画像提供：甲南学園）

再び自信を取り戻して政治と向き合う

二・二六事件の直後、釟三郎は「一部陸軍の反動的行動は神人共に容さざる暴行である」と断じ、その首謀者と目されていた真崎甚三郎大将に、「日本軍人らしく自決せよ」という趣旨の手紙を送っており、この頃の釟三郎の熱血漢振りとともに、釟三郎の強い自信のほどを伺うことが出来る。

満州事変後は、「自由通商協会」と「大阪軍縮促進会」の運動ができなくなって、政治活動から一歩後退を余儀なくされた釟三郎であったが、訪伯経済使節団での成功をみて、「自由通商」や「人類共存」の理念の追求が、同時に「報国尽忠」にも資することを再認識して再び自信を取り戻す。そして釟三郎は、もう一度政治活動に復帰して、それも内閣の中枢に入って自分の信念を貫こうとするのであった。

文部大臣に就任

昭和十一（一九三六）年三月、岡田内閣が瓦解して広田内閣が組閣され、釟三郎は文部大臣に迎えられる。そして釟三郎は、訪伯経済使節団に随行した三井物産の岩井尊人【24】を大臣秘書官に就任させた。

この時釟三郎六十九歳。前年の二月に天皇機関説事件が起き、八月と十月の二度に亙って岡田首相が国体明徴声明の発表に追い込まれるという、言論統制が政府中枢にまで及び、更には二・二六事件が起こった直後のことである。

釟三郎が文部大臣になって一番実現させたかったことは、義務教育年限を六年から八年に延長すること、及び官学と私学の差別撤廃であった。

しかし就任直後は、前内閣から持ち越された東京商科大学内紛問題や帝国美術館改組問題の後始末に忙殺され、天皇機関説問題では右翼議

【24】岩井《いわい》 尊人《たかひと》
明治二十五（一八九二）年～昭和十五（一九四〇）年。奈良県出身、東京帝大卒。英国王立美術家協会会員。三井物産常務として訪伯経済使節団に随行し、平生文部大臣秘書官にも就任。『平生釟三郎　私は斯う思ふ』（千倉書房一九三六）の編者でもある。

員から釟三郎の思想が試された。更には釟三郎の漢字廃止論が不敬であると批判される試練にも遭遇して、再び自説の封印を強いられるという屈辱を味わうことになる。

漢字廃止論は不敬であると恫喝

昭和十一（一九三六）年五月九日の貴族院本会議で、釟三郎は加藤政之助議員から、「文部大臣として漢字廃止を実行する方針なのか」、「詔勅や勅語の漢字もカナモジに書き改めるのか」などの質問を受ける。これに対して釟三郎は、これを絶好の機会とばかりに滔々と自説を展開し、「勅書や憲法のカナモジ化についても研究中である」という趣旨の答弁をした。

しかしこの答弁に対しては、「畏れ多くも詔勅にある漢字に手を加えることは不敬である」として右翼議員から猛反発を喰らうことになり、この事態に驚愕した釟三郎は、五月十二日の貴族院本会議で、「勅書や憲法についても研究中」という発言の取り消しを申し出ざるを得ない事態に追い込まれる。

更に五月十八日の貴族院予算委員会において、金杉英五郎議員から「天皇機関説以上の不敬事件になるとも限らない」と恫喝されて、漢字廃止論の放棄を迫られ、「漢字を廃止しようという考えはない、寧ろ漢字を盛んにするためには易しい字を使った方が良い」という、釟三郎としては不本意な答弁をせざるを得なくなり、その後は沈黙を余儀なくされる事態に追い込まれたのであった（『平生釟三郎の総合的研究』所収の有村兼彬論文 1989）。

執念の義務教育年限延長法案

しかしこのような困難の中にあっても、釟三郎は粘り強く、義務教育年限八年への延長法案を、その予算とともに閣議で承認させたが、広田内閣は昭和十二（一九三七）年二月に瓦解したため、議会承認までには至らず、義務教育年限延長法案は廃案となった。そして釖三郎も、ここで文部大臣を退任することになる。

『国体の本義』の編纂

東京帝大の美濃部達吉教授の天皇機関説事件から始まった国体明徴問題は、政権争いの道具となり、自由主義思想の弾圧と言論の自由を封殺しようという思惑もからんで、当時の内閣は三代にわたってこの問題に悩まされ続けた。

そして釖三郎の文部大臣在任中に、日本の国体に関する公式的解釈書としての『国体の本義』の編纂が、文部省思想局長の伊東延吉が中心となって開始され、釖三郎が退任した直後の昭和十二（一九三七）年三月に刊行された。

しかし『国体の本義』は、神話と歴史を混同しているという批判があり、また学術的にも杜撰とも言われるが、明治維新後、日本が西洋文化を積極的に取り入れたことは前向きに評価しており、西洋思想については比較的抑制されたトーンで記述された書であったようである。

甲南大学の安西敏三名誉教授は、その論文『昭和精神史における平生釖三郎』において、「『国体の本義』は…想定されるほど欧米思想の排撃を謳っているものではありません。…批判と排除の対象となっているのは、西洋近代思想の根底をなす個人主義であり、そこから派生する自由主義などの諸々の思想です」（安西敏三 2020）と言っている。

しかし続いて安西は、「釖三郎の教育論における個性論も…トーンダウンを余儀なくされるに至る」（安西　同）とも言っているように、釖三郎は、その教育理念の三本柱のひとつである個性尊重論を、一時期、甲南高等学校の訓示において封印するようになる。

個性尊重論は、国粋主義の台頭によって、自由主義や個人主義と見做されて攻撃される恐れがあったためであり、そのために釟三郎の教育理念も窮地に立たされるのであった。

「人類共存」と「報国尽忠」の対立の予感

広田内閣は、その組閣にあたっては陸軍があからさまに介入し、吉田茂ら親英米派の入閣を阻止して、陸海軍大臣現役武官制の復活、日独防共協定の締結、軍事費予算の大幅増額など、日本の軍国主義化と右傾化を結果的に進行させた内閣であった。このような政策を進めた内閣の一員として、釟三郎はどのような姿勢で閣議に臨んだのかについては、この時期を含む昭和十一（一九三六）年三月から同十三年一月までの、釟三郎の心境が記録されている日記が欠落しているため、残念ながらその実状はよく判らない。

先に述べた通り、川崎造船所の再建や訪伯経済使節団の成功によって、「世界人類の幸福と平和は、ロータリー精神と自由通商主義によってのみ得られる」と言って再び自信を取り戻した釟三郎であったが、文部大臣就任直後に受けた国粋主義者からの強烈な攻撃によって、釟三郎の漢字廃止論や個性尊重論はトーンダウンを余儀なくされた。

そしてこれら国粋主義者からの強烈な攻撃という洗礼を受けることによって、釟三郎は二・二六事件後の日本の政治社会環境の激変を思い知らされ、その後の釟三郎の言動は、慎重にならざるを得なかったものと思われる。

また、当時の内閣における各大臣の権限は、担当政務においては強力な権限を有するも、担当外政務については権限が無く、また、軍事外交政策は、文部大臣が出席しない五相会議（首相・陸相・海相・蔵相・外相）で決定されていたため、何れにせよ黙って事の経過を見守ることしか出来なかったものと思われる。

釟三郎が見せた反骨精神

前述のとおり、釟三郎は漢字廃止論の放棄を迫られ、個性尊重の教育理念も封印を強いられるなど、本来の歯に衣《きぬ》を着せぬ警世家的発言はトーンダウンを余儀なくされたが、それでも釟三郎の反骨精神は次のとおり垣間見ることができる。

貴族院本会議で右翼議員から文部大臣として天皇機関説に対する見解を問われた時、釟三郎は、「国体の本義に反する学説の講義をするような者があれば相当の処分をする」と事もなげに答えたが、東京帝大で美濃部門下にあった宮沢俊義教授は、「憲法の講義の内容を文部省に提出したという事実は、全然ない」と述べ、平生文相の発言とその実践とが一致していないことを告白しており（安西敏三　1989）、釟三郎が美濃部学説を支持する学者を実質的に処分することはなかったようである。

釟三郎は、西洋哲学的に解釈された天皇機関説よりも、日本古来の伝統を踏まえた天皇主権説を良しとしていたが、学者が様々な思想を研究することの自由は尊重していたのであった。

また実現には至らなかったが、釟三郎は、国政の基本を決める五相会議に対抗して、文相・商工相・鉄道相・蔵相の四相会議の開催を提唱し、内閣における民政に責任を持つ立場の意見を強化しようとしたとも言われている（小川・上村　1999）。

釟三郎の寿像建立

川崎造船所では、昭和十一（一九三六）年三月の釟三郎の退職を機に、貴族院議員勅選の栄誉と川崎造船所再建の恩に報いるため、川崎造船所の社員・職工一万数千人がそれぞれ十銭、二十銭を醵出して釟三郎の寿像を建立することになった。

甲南高等学校に建立された釟三郎寿像の除幕式
（画像提供：甲南学園）

そして桂浜の坂本龍馬像の制作者である本山白雲の制作による寿像が、川崎造船所内の川崎東山学校校庭に建立され、それが釟三郎文部大臣在任中の昭和十一（一九三六）年八月に完成して除幕式が行われた。

また同じ時期に甲南学園でも、釟三郎の文部大臣就任を機に寿像建立計画が持ち上がり、伊藤忠兵衛、野村徳七、安宅彌吉ら八十四名が発起人となって、甲南学園の在校生、卒業生にも募金を呼び掛けた。

そして川崎造船所の好意により、同じ本山白雲制作の型で造られた寿像が、甲南高等学校（現在の甲南大学）の中庭に建立され、昭和十二（一九三七）年一月に除幕式が挙行された。

第五部

戦時体制下での苦闘

第十四章

北支最高経済顧問

北支経済顧問への就任要請

昭和十二（一九三七）年七月に勃発した盧溝橋事件の後、日本は中国全土への侵攻を開始し、中国では、同年九月に蒋介石国民党と毛沢東共産党との抗日連携（第二次国共合作）が成立して、日本と中国は宣戦布告なき全面戦争に突入する。そして日本は北支方面軍が駐屯する地域に、中華民国臨時政府を同年十二月に樹立し、このような緊迫した情勢下、釻三郎に対して北支方面軍司令部付経済顧問への就任要請が来る。

ところで釻三郎は、この十五年前の大正十一（一九二二）年に中国を訪れているが、その際に、中国人の反日感情の激しさに衝撃を受けており、問題の深刻さを十分に理解していた。したがって、この北支経済顧問への就任要請を受けて、釻三郎は大きな困難とともに強い使命感を感じた筈である。大正十一（一九二二）年の訪中時に釻三郎が受けた衝撃については、河合哲雄による次の記述に見ることが出来る。

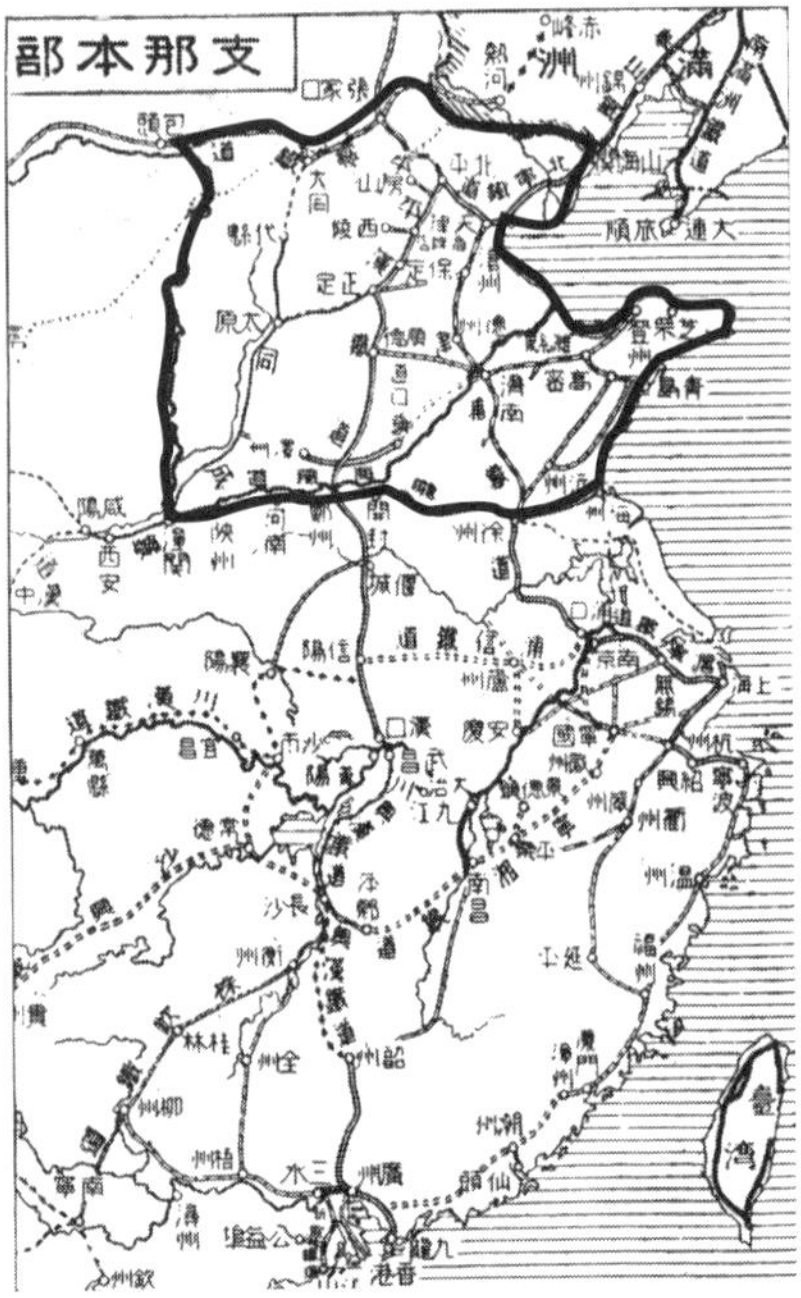

中華民国臨時政府の行政範囲（太線内）
資料年報編輯局編『最新ポケット北支那便覧』、泰山房、昭和 13 年 6 月発行より
（国立国会図書館デジタルコレクション）
※中華民国臨時政府の範囲の太線は筆者が加筆

「釟三郎が切実に痛感したのは、日本人に対する支那人の反感の深刻なことであった。支那人は日本人をもって詐欺師、脅迫者、悪徳漢、強奪人、虚言家とし、嫌悪軽侮の念をもってこれに対せんとしている。しかるに日本の外交官、実業家、政治家、ジャーナリストらは…その原因を探求せず…単に支那人の甘心を買わんとするは実に笑止の事である。

…（日本は）一日も早く軍国主義を棄てて民主的平和的進取主義を採用すべく、しからざれば日本は益々世界列強の誤解を受け…東洋の隅に孤立せしめられるであろうと論じ…（釟三郎は）政府の善処を要望した」（河合哲雄『平生釟三郎』四三四－四三八頁）。

昭和十三（一九三八）年二月、釟三郎はこの就任要請の内容を確かめるべく、北京に旧知の寺内寿一北支方面軍司令官を訪問して、「北支の経済は釟三郎に全て任せるという条件でなければ仕事を全うできない」と主張して、単なる顧問ではなく実権のある役職を要求する。そして寺内司令官は、親任官待遇（国務大臣や陸軍大将と同格）の北支方面軍司令部附最高経済顧問として釟三郎を招聘することを約束する。

次いで中華民国臨時政府の行政委員長である王克敏【25】と会談し、自分がこれから就任する任務を説明してその協力を取りつけた。この時

【25】王《おう》 克敏《こくびん》

一八七三年～一九四五年。

清朝の外務官、中華民国の政治家、銀行家、外交官。一九三七年十二月中華民国臨時政府の行政委員会委員長に就任。後に汪兆銘の南京国民政府に合流。一九四五年北京で中共軍に逮捕され十二月に獄死。

釻三郎は、「老躯を提げ王氏を助け、一億数千人の支那人を救済せんとの任侠心燃へつつあるの感あり」という言葉を日記に残している。

釻三郎は、満州と朝鮮にも飛んで、満州では植田謙吉関東軍司令官と星野直樹総務長官、朝鮮では南次郎総督と小磯国昭朝鮮軍司令官とも面談して、自分の北支最高経済顧問就任を報告するとともに協力を要請した。

日中和平のための「最後のご奉公」

釻三郎は、北支における治安の回復と、中国人の日本に対する信頼回復が最優先課題であると考えて、農民には帰農を促進し、失業者には職を与えるための大規模な施策が必要であり、そのためには莫大な資金が要ると考えた。

そして帰朝しては、近衛首相を始め、陸相、蔵相、外相らを訪問して持論を展開したものの、その回答は「北支の民生に回す金はない」との一点張りであり釻三郎は嘆息した。

しかし、占領地に善政を敷くことができれば、中国人をして、日本と親日政権に対する安心と信頼を得せしめることができ、日中の戦火も収まる、そうなれば英米も日本の政策には手出しはできない筈だと考えて、糖尿病を抱えて健康不安があったにも拘わらず、「君国への最後のご奉公」という覚悟で、この任務を引受けることを決意する。むろん今回も無給である。

この時の釻三郎の決意の強さは、次の日記の言葉からも分かる。

「余は老来余生は君国の為寄与せんと決意せるを以て、たとえ医師が激務に堪へずと診断せるも生命を惜むものにあらず…。

余の任務は日本政府を代表せる軍司令官と中華民国臨時政府の首脳たる王行政委員長との間を結ぶ連鎖の位地であり…新占領

地と其住民をして絶対に日本を信頼せしめ、日本の好意的援助に依りて中華民国を復興せしめんとする（ものである）。

　自分はこの趣旨を体し…中華民国数億の民をして、より幸福なる、より安定せる生活を得せしめんとする…ものである。

　如此くして敵も味方も戦果（戦火か？）を収むるを得ると思ふ」（『平生日記』昭和十三年二月十八日）。

北支最高経済顧問に就任

　昭和十三（一九三八）年二月、釟三郎は正式に陸軍嘱託の辞令を受け、甲南病院事務長から川崎造船所取締役に転じていた澤正治と、甲南高等学校卒業生の伊藤愿を秘書として同行させて、同年三月十日に北京に着任した。釟三郎七十二歳になろうとする時である。

　釟三郎は北支最高経済顧問として着任後、北支経済委員会委員長と日華経済協議会副会長（会長は王克敏）にも就任した。この時の中華民国臨時政府の行政組織としては、内政全般を管轄する行政委員会があり、経済委員会は経済と資源開発を担当することになっており、本来は内政に関与する組織ではなかった。

　しかし釟三郎は、親任官待遇の北支最高経済

中華民国臨時政府発足時の写真
東光社編『支那事変写真帖』、東光社昭和 13 年 1 月発行より　（国立国会図書館デジタルコレクション）

顧問という肩書を最大限に利用して、持ち前の行動力で経済委員会の管轄を超えて占領地の内政についても積極的に関与しようとする。そして、釟三郎と同時期に、行政委員会顧問として派遣されていた内務官僚の湯沢三千男【26】を、部下のように使い、湯沢も釟三郎に協力した。

その後釟三郎は、日本と北京を四回往復し、北支各地を視察してその経済・社会状況を調査し、帰朝しては日本政府に意見具申を行った。そして王克敏ら中国人政府要人に、釟三郎の本気度を理解してもらうために、二度目の北京入りからはすゞ夫人を同伴することとした。

この間、肺炎で一ヵ月余りの療養をしたこともあれば、満州で赤痢に悩まされたりもした。また、甲南小学校と甲南高等学校が阪神大水害で大きな被害を受けて、釟三郎は急遽神戸に帰ってその復興に奔走したのもこの時であった。

【26】湯沢《ゆざわ》 三千男《みちお》

明治二十一(一八八八)~昭和三十八(一九六三)年。栃木県出身。一高、東京帝大卒業後内務省に入省。兵庫県知事、内務次官、北支行政委員会顧問、大日本産業報国会理事長、東條内閣の内務大臣などを歴任。

北支行政顧問時代には釟三郎と共に仕事をし、初代大日本産業報国会理事長にも就任。昭和十年に釟三郎が訪伯経済使節団長として神戸から出帆する際には、兵庫県知事として釟三郎を見送っている。

中国人の信頼回復のための施策

釟三郎は、日中戦争を終結させるためには、占領地の経済復興と人心の安定が不可欠であり、これに成功すれば日本と王克敏政権への信頼感が高まり、蒋介石との和平も進展すると考えた。

釟三郎が立案した施策案は次の三点であった。

(1) 種子の改良、農事の改更、肥料の使用など、農業技術の指導をして、当地農民を安んじめ農産物の増産を図る。

（2）この余剰農産物は日本に輸出し、日本からは加工品を輸入する。

（3）石炭を増産して失業者に職を与えると共に、これを日本に輸出する。

その一方で釟三郎は、日本内地の経済に与える影響を考慮して、日本の工業資本が当地に進出して、低廉な労働力を使って内地と同様の工業を起こすことは、内地の工業を圧迫して失業者を増やすことになるとして反対した。

この方針は、板垣征四郎陸軍大臣や東條英機陸軍次官の承認を得て、棉花の開発、輸出入リンク制、外国為替や融資制度の整備、北支開発会社の設立など、具体案の作成を開始した。

王克敏行政委員長は、自分が軍部に対して持論を主張することが出来ない地位にあって、公平無私の釟三郎が、軍と行政委員会の間に立ってくれることを大変喜んだ。

中国人による自治への期待

また、釟三郎は、北支の地方行政については中国人の自治に任せるべきだとして、中華民国臨時政府樹立と同時に設立された「新民会」の活動にも期待を寄せる。「新民会」は日本占領下の北支における民衆教化組織であり、日本軍や日本政府の指導下にあったが、その組織を統括する総務部長は、釟三郎と同じ考え方を持って中国人農村社会の安定を重視する小澤開作であり、その中央指導部長は繆斌《みょうひん》であった。

小澤は、歯科医師として満州国に赴任後、五族協和と王道政治の理想に共鳴して満州国協和会を結成したが、関東軍の干渉が強まるのを嫌って、同会を離脱した後に北支の「新民会」に転じた人物であり、世界的音楽指揮者である小澤征爾の父親でもある。

繆斌は、中国国民党で蒋介石と行動を共にした後に中華民国臨時政府に参加した人物で、日中戦争末期の一九四五年三月には、日本政府と蒋介石重慶政府との最後の日中和平工作である、「繆斌工作」の中心となった人物である。

小澤と繆斌が指導する「新民会」は、釟三郎が防波堤となって日本政府や陸軍とは一定の距離を保ちながら、中国民衆の生活安定を第一に考えて活動を進めた。その活動の多くは中国人によって担われ、小学校、茶館、市場、共済組合などを運営し、共済組合では、農業指導、種の配布、資金の貸付などを実施した。

「新民会」は、このような方針の下で活発に臨時政府領内の各地で活動を進めた結果、設立後わずか二年後の一九三九年度末において、その規模は、職員数二千人強、会員数六十七万人強に達したという（広中一成 2019）。

英米資本導入の提案

この時、釟三郎は日本製鉄会長も兼務しており、石炭と鉄鉱石の安定確保は日本製鉄の最重要課題でもあった。釟三郎は北支の石炭や鉄鉱石などの資源開発をするためには、日本の資金力だけでは到底追いつかないと考えて、外国資本の導入を図ろうとする。多額の米国資本を北支に導入することに成功すれば、米国は日本との友好関係を維持せざるを得なくなると考えて、一石二鳥の効果を期待したのである。

甲南大学の藤本建夫名誉教授は『平生日記』第十六巻の「後記」において、当時の釟三郎の思いを次のように分析している。

「北支の開発には莫大な資金を要し、財政難の日本にはそれを充足させる余裕は全くなく、英米からの外資に頼る以外になかった。それに成功すれば同時に戦争を終結させることも不可能ではないように（平生には）思われた」（『平生日記』第十六巻後記七三四頁）。

釟三郎は、日本産業（日産）の総師で、当時は満州重工業開発（満業）の総裁をしていた鮎川義介の配下にいる、米国投資銀行ディロン・リードの元日本代理人をしていた三保幹太郎に目をつける。彼のアメリカ人脈を通して米国資本を導入すべく、本人と寺内司令官の了承も得て、三保の招聘を進めようというのである。しかしこの企画は鮎川の反対によって実現しなかった。

実はこの頃、鮎川も満州に於いて日産自動車とゼネラルモーターズやフォード自動車との合弁計画を進めており、三保を手放す訳にはいかなかったのである。この鮎川の合弁計画は、ゼネラルモーターズとの間では妥結寸前まで行ったようであるが、日華事変後の日米間の緊張激化により実現することはなかった（田代文幸 2001）。

失意の最高顧問退任

日本軍が広東や武漢三鎮を攻略後の昭和十三年十一月、近衛内閣は、北支、中支、蒙疆の三つの占領地の政治経済文化政策の権限を、各軍司令官から切り離して政府が統一的に管理すべく、政府直轄機関としての興亜院（昭和十七年十一月に大東亜省に統合）の設置を決定した。

釟三郎は、占領地行政を政府直轄にすることには反対ではなかったが、寺内司令官という後ろ盾を失っては、占領地の民政を自分の理想どおりに進めることは不可能と判断して辞意を表明。政府は、王克敏ら中華民国臨時政府首脳の信頼厚い釟三郎の辞任には躊躇して辞令を引き延ばしていたが、しびれを切らした釟三郎は正式に辞表を提出して、昭和十四（一九三九）年五月に板垣陸相を官邸に訪問し、ようやく辞任の了承を得たのであった。

釟三郎は同年六月に最後となる六回目の北京出張を行い、王克敏行政委員長に別れを告げた。

最高顧問退任挨拶のための最後の北京訪問　釟三郎(中央)と王克敏（右）。左は杉山元北支方面軍司令官（寺内寿一司令官の後任）　（画像提供：甲南学園）

王克敏は「最も信頼せる日本の知己と共に同憂の士を失う無限の恨事」と言って別れを惜しんだという。

占領地に善政を敷くことができれば、中国人をして、日本と中華民国臨時政府に対する安心と信頼を得せしめることができ、日中の戦火も収まると考えて、あれほど「最後のご奉公」という決意の下に引き受けた任務であったが、この思いは一年を経ずして潰えてしまった。釟三郎が大きな失意を感じたことは想像に難くない。

日本製鉄会長・社長、鉄鋼統制会会長

日本製鉄会長に就任

時は前後するが、釟三郎が北支最高経済顧問に就任する前の昭和十二（一九三七）年六月に、釟三郎は日本製鉄会長に就任している。釟三郎七十一歳の時である。

河合哲雄の『平生釟三郎』によると、第一次近衛内閣から商工大臣就任の要請があったが、これを断って、先に林銑十郎内閣の時に誘いが来ていた、日本製鉄会長への就任を受諾したという経緯があったようである。

日本製鐵会長時代の釟三郎（中央）、
正力松太郎（左）、渋沢正雄（右）
（画像提供：甲南学園）

当時の日本製鉄は、昭和九（一九三四）年の製鉄合同により、幾つかの製鉄所が合併してシェア七十パーセントを占める国策会社となっていたが、喫緊の課題である鉄鉱石鉱山や、炭坑会社の買収や系列化は全く進展していなかった。また、重役陣の中身は寄り合い所帯で、合併前の各社重役陣が残っていた上に、陸海軍や省庁からの天下り役人もいて、経営の統制が取れていなかった。これら経営陣の刷新をして前述の経営課題に取り組むことができる、有能で公正廉潔、堅実剛毅の人材が求められていたのである。

釟三郎は、彼が文相のときに朝日新聞の当番記者であった、藤井丙午【27】を秘書にして改革を進める。先ず国内の十近い鉱山を買収して日鉄鉱山を設立し、朝鮮の茂山鉄鋼も系列下に入れる。国内では日本石炭会社を、満州では密山炭坑会社を、そして北支では、英国資本の開灤《かいらん》炭坑から買付けた石炭を販売する開灤炭販売会社を作って、鉄鉱石と石炭の自給体制を築く。

また、陸送や沿岸航路などの物流を整備し、製鋼工程の銑鉄と屑鉄との混合割合も見直して、対日経済制裁を強めつつあるアメリカからの輸入に頼っていた屑鉄を節約する努力もした。

この時期の釟三郎は、北支最高経済顧問の在任時期と重なっており、正に八面六臂の大活躍であった。

【27】藤井《ふじい》 丙午《へいご》
明治三十九（一九〇六）年〜昭和五十五（一九八〇）年。岐阜県出身。
早稲田大学卒業。朝日新聞社、日本製鉄を経て、戦後は参議院議員、八幡製鉄副社長、新日本製鉄副社長を歴任。昭和四十九年再び参議院議員となり議員在任中に死去。

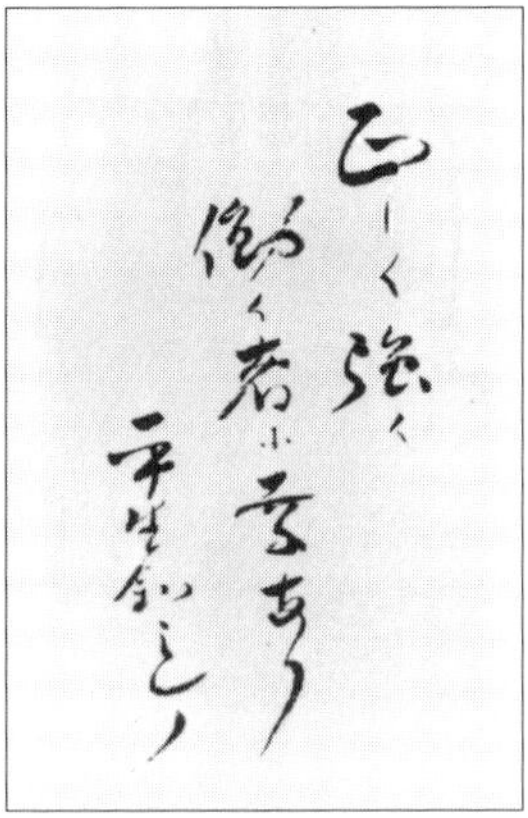
釟三郎揮毫
（画像提供：甲南学園）

また釟三郎は、日本製鉄の各事業所に産業報国会を設置して、それを統括する日鉄産業報国会連盟の会長に就任して、労資協調を更に一歩進めた労資一体の企業風土造りを熱心に進めて行く。藤井丙午は、「正しく強く働くものに幸あり」というのが、当時の釟三郎の信条であったと語っている（「平生釟三郎追憶記」1950）。

日本製鉄社長そして鉄鋼統制会会長に

更に釟三郎は、当時の小林一三商工大臣と岸信介次官に相談して、経営の迅速化を図るために、会長職を廃して釟三郎を社長とする経営の一元体制を敷くことの了解を得る。そしてこの了解を後ろ盾にして、昭和十五（一九四〇）年十二月に、役員全員の辞表を提出させて陸海軍将校も天下り役人も全員解任した。

そして陸海軍、大蔵、商工の各大臣に、新役員の人選は全て釟三郎に一任することを了承させて、新しい役員の大半は社員や技術者から抜擢した。これは「平生クーデター」と呼ばれて物議を醸したが、今回も社長の報酬は無給として、釟三郎はその人事刷新方針を押し通した。

このように日本製鉄の改革に注力していた釟三郎であったが、今度は日本の鉄鋼業界全体を監督する鉄鋼統制会に行けということになり、昭和十六（一九四一）年十一月、釟三郎は鉄鋼統制会会長に就任した。

統制会は、国家総動員法に基づいて公布された重要産業団体令により、鉄鋼統制会に続いて鉱山、産業機械、化学工業など二十二の統制会が順次設立された。

この時、日米開戦はもはや不可避の状況となっており、もとより釟三郎は日米開戦には反対であったが、国が決定した以上は国策に協力することは義務と考えていたため、この国家的危機を前にしてはこの大役を引き受けざるを得ず、引き受けた以上は、その組織目的を忠実に且つ有能に実行したのであった。

その後の日本の鉄鋼業は奇跡のように、昭和十九年半ばまでは、生産量年産五百万トンを殆ど落とすことなく保ち続けたことがそれを実証している。

第十六章

大日本産業報国会会長

産業報国運動と釟三郎

産業報国運動は、昭和十二（一九三七）年の日華事変を契機に、「国民精神総動員運動」と歩調を合わせて、労働争議の防止と生産性の向上を目的とする運動として始まった。

この産業報国運動を巡っては、政府からは各企業に「労資懇談会」の設置を求めて、企業統制を強化する方針が出される一方で、財界からは、過度の政府介入は企業の経営自主権の侵害になるとして反発があり、財界主流派の膳桂之介の努力によって、産業報国会は厚生省ではなく、半官半民の「協調会」が指導する労資協調組織との位置づけで、昭和十三（一九三八）年七月に産業報国中央連盟が設立された。

「協調会」とは、大正期に渋沢栄一らによって、労資協調の精神の下で、労働問題の研究・指導

大日本産業報国会で挨拶をする釟三郎　（画像提供：甲南学園）

および労資調停を目的として設立された財団法人である。

こうして政府は財界に譲歩しつつも協力を取り付けて、各道府県知事や警察署長の旗振りの下に、企業単位あるいは事業所単位につくられた産業報国会は瞬く間に全国に広がって行く。日本製鉄においても、釟三郎が陣頭指揮をして設置したことは前述の通りである。

釟三郎には、かつて川崎造船所において、労資協調路線を貫いて破綻企業を見事に再生させたという成功体験があり、ことのほか産業報国運動には熱心に取り組んだ。各地で産業報国会普及のための講演を熱心に行い、昭和十四（一九三九）年には産業報国中央連盟の参与に就任していた。

この頃の釟三郎は、労働者と資本家との立場の違いを前提とする「労資協調」には飽き足らず、資本、経営、労働は三位一体となって尽忠報国すべきであるとして「労資一体」を標榜するようになり、産業報国中央連盟は「協調会」の指導から離れるべきである、という主張をするようになる。

大日本産業報国会会長に就任

昭和十五（一九四〇）年七月、第二次近衛内閣が成立し、大東亜新秩序（大東亜共栄圏）の建設と国防国家体制の基礎確立の方針を決定した。

予てから企業統制の強化を狙っていた厚生省は、この釟三郎を「飾り」として利用できると考えて、「協調会」の指導下にある産業報国中央連盟を解消して、厚生省指導下の大日本産業報国会に改組することを決定した。そして会長には厚生大臣が就任し、釟三郎に副会長への就任要請がくる。

しかし釟三郎は「厚生大臣が会長の組織であれば全て官僚がやれば良い」と副会長就任を断るが、政府としては釟三郎を必要としていたため、最終的には昭和十五年十一月になって、あらためて釟三郎を会長として就任要請することになり、釟三郎はこの要請を受けることになる。釟三郎七十四歳の時である。

この時政府は、釟三郎が会長就任の条件として要求していた、内務官僚の湯沢三千男を理事長に据えることも了承した。湯沢と釟三郎は、釟三郎が北支最高経済顧問であった時期に、北支で共に働いた仲であり、自分の考え方や気質を理解してくれている湯沢であれば、思いどおりの仕事を進めることができると釟三郎は考えたからである。

労資一体施策の推進

釟三郎は実力会長として、湯沢とともに産業報国会の労使一体化を進めていく。幹部人事では、無産政党の活動家であった三輪寿壮（元社会大衆党）と河野密（同）を理事に、阪本勝（元日本労農党）を文化部長に、菊川忠雄（元日本労働総同盟）を同副部長に指名することで一悶着あったが、これを押し通す。

そして釟三郎は、「資本、経営、労働が一体となって、生産力増強と国力増進に努めて高度国防国家の建設に邁進するとともに、弱者たる勤労者の福利を図らんとする」として、福利厚生の充実にも力を入れて行く。

しかし同会の審議員や理事には、松本勇平や小林順一郎ら右翼活動家、平泉澄、安岡正篤、蓮沼門三ら日本主義者、そして町田辰次郎、田澤義鋪ら協調会派、また内務省、厚生省、商工省、陸海軍の官僚や、三井、三菱、日立ほか大企業の重役らが呉越同舟の如く名を連ねていた。

よって全てが釟三郎の方針に賛同した訳では

なく、特に財界主流派は依然として経営の自主性を奪われることを警戒していた。この頃の釟三郎は、労資一体と高度国防国家の建設を声高に提唱していたため、保守的な財界主流派と区別して、財界革新派と呼ばれていた。（及川英二郎　1999）

昭和十六（一九四一）年十一月、東條内閣の成立に伴って、理事長の湯沢は内務次官として転出することになるが、その後任人事に際しても釟三郎は自分の方針を貫いた。厚生省が推す武井群嗣厚生次官や財界主流派が推す河原田稼吉を抑えて、住友出身で企画院次長を務めたこともある小畑忠良を強引に抜擢し、業務局長には三輪寿壮を就任させるのであった。

そして釟三郎は、窮乏化する国民生活下においても、住宅、教育、保健などの福利厚生施策を推進して、労働者の不満を和らげるとともに、「生産力の拡充をなし、前線にある皇軍の将兵をして後顧の憂いなからしむることは、産業に従事する我等の責任」と言って、労働者に配慮した挙国一致の勤労体制の構築に注力した。

戦況の悪化と産業報国運動の破綻

その後釟三郎は、昭和十八（一九四三）年四月に枢密顧問官に任ぜられ、また、脳血栓で倒れたこともあって多くの役職を退任する中、大日本産業報国会会長だけはその職に留まっていた。しかし戦局の悪化に伴って物資不足はいよいよ深刻となり、同年十一月に軍需省が設置されて福利厚生どころではなくなり、工場には軍隊式の労務管理体制が敷かれるようになる。

ここに至って政府は釟三郎の退任方針を決める。そして昭和十九年九月、釟三郎は遂に大日本産業報国会会長を退任することになったが、その後、大日本産業報国会は単に日本主義精神を喧伝するだけの組織となり、急速にその存在意義を低下させて行くのであった。

釻三郎が就いた様々な要職

この頃の釻三郎は、日本製鉄会長・社長や鉄鋼統制会会長および大日本産業報国会会長以外にも多くの要職に就いている。

主なものは次の通りであるが、全てを合わせると数十を下らない要職に就任していた。

（昭和十三年）企画院審議会委員、鉄鋼連盟会長、電力審議会委員、朝鮮総督府時局対策調査委員

（昭和十四年）資金融通審査委員会委員、大日本航空設立委員、興亜委員会委員、海外拓殖調査会委員、茂山鉄鉱開発会長

（昭和十五年）日本石炭設立委員、大政翼賛会総務

（昭和十六年）日本商工会議所顧問、東亜研究所評議員、東亜経済懇談会顧問、転廃業者資産評価中央委員、日本経済連盟会顧問

（昭和十七年）大東亜建設審議会委員、翼賛政治体制協議会委員、産業設備評議委員会委員、南方開発金庫設立委員、戦時金融金庫設立委員、重要産業統制団体協議会会長、翼賛政治会顧問

もっともこれらのうち会長職となっているものは、日本製鉄の関連ポストと、その後の重要産業統制令に基づいて政府から就任要請されたポストであり、その他は全て委員や評議員又は顧問で、釻三郎が主導的立場で組織を運営する職務ではなかった。それでも夫々の会議には出席することになり、極めて多忙であったと思われる。

この多忙な時期においても、釟三郎は甲南高等学校の校長を務め、甲南学園と甲南小学校および甲南病院の理事長でもあった。釟三郎が如何に甲南学園と甲南病院という二つの事業に深い思い入れがあったかを伺い知ることが出来る。

なお、昭和十七年に就任した大東亜建設審議会では、釟三郎はその第二部会（文教部会）の委員に任命されている。

かつて釟三郎は「カナモジ会」の中心的メンバーとしてカタカナ左横書き論を提唱していたが、文部大臣在任中に右翼議員から、「詔勅や勅語に使われている漢字に手を加えるということは甚だしい不敬である」として攻撃され、漢字廃止論の放棄を強いられてその後沈黙を余儀なくされていた。

ここで再びカタカナ左横書論を語る機会を与えられたが、それは占領地住民に対する日本語教育に限定されたものであり、釟三郎の本来の志を発揮させるものではなかった。

第十七章

釟三郎の大東亜共栄圏観と戦争拡大回避の努力

大東亜共栄圏構想の形成過程

戦前昭和の日本の対外膨張政策は、昭和四（一九二九）年に始まった世界大恐慌によって、欧米列強が自国の勢力圏を囲い込むという、ブロック経済圏化政策を採るようになったことに起因する。その結果、日本も自国の勢力圏を確保する必要に迫られて、関東軍は昭和六（一九三一）年九月に満州事変を起こし、これを追認する形で日本は満州全域を占領して満州国を建国するに至った。

これに対して欧米列強は、日本の満州侵攻を非難して経済制裁を開始する。中国では抗日運動が高まり、抗日ゲリラが活発となって治安は悪化し、日本は満蒙権益を守るためと称して華北にも軍隊を進駐し始める。更に昭和十二（一九三七）年七月には、盧溝橋事件が勃発し

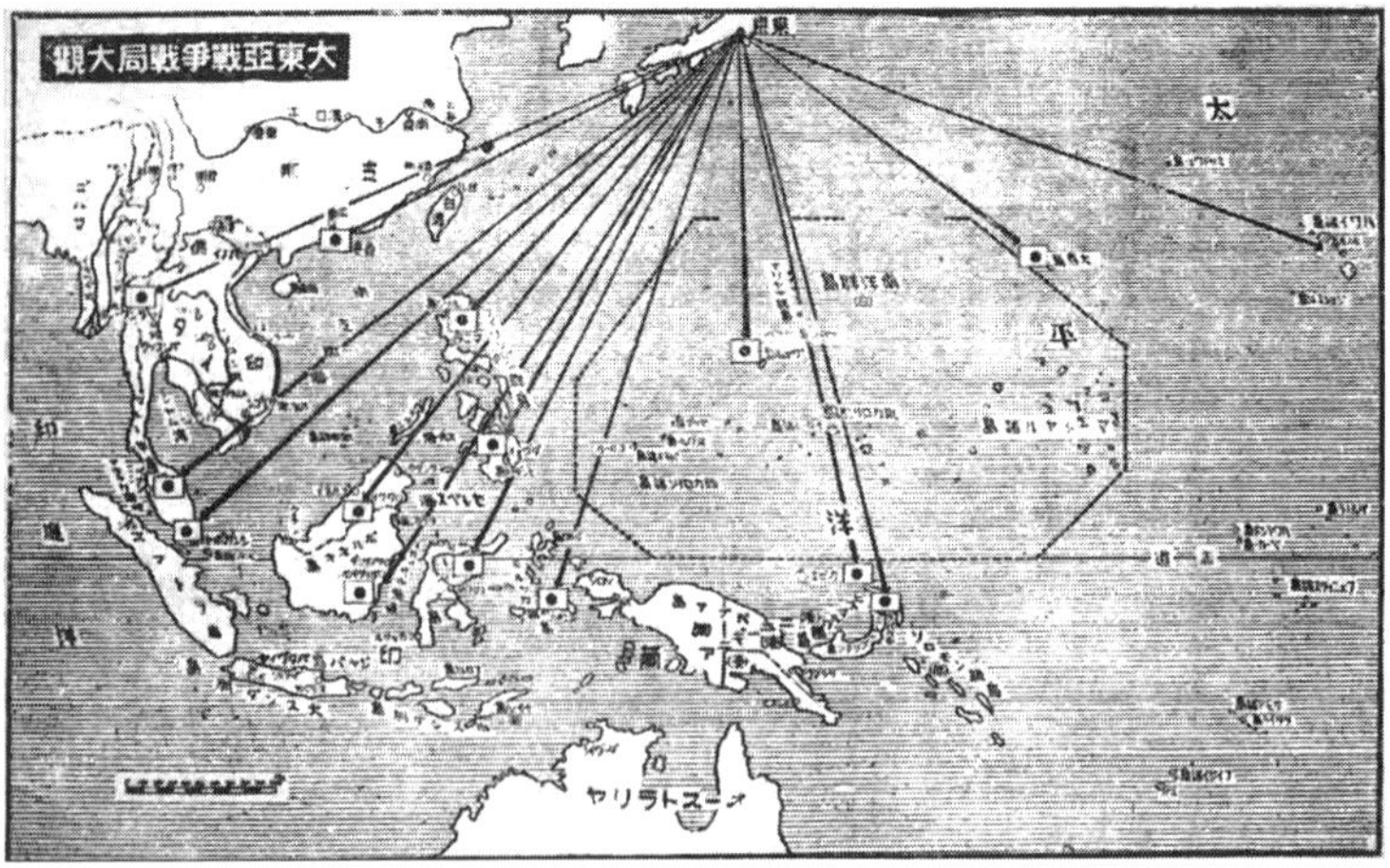

「大東亜戦争戦局大観」
東北通信社編『大東亜戦争と時局』、東北通信社、昭和 17 年 3 月発行より
（国立国会図書館デジタルコレクション）

て日華事変（日中戦争）へと突き進む。

そして翌昭和十三（一九三八）年十一月、第一次近衛文麿内閣は、日満支（日本、満蒙、支那）を経済圏とする「東亜新秩序」建設声明を発表することになる。


一方欧州では、昭和十四（一九三九）年九月に第二次世界大戦が勃発し、翌年にはパリが陥落してドイツが欧州を席巻する勢いを見せる。

この欧州戦線の激化を見て、東南アジア植民地に対する英仏の支配力が弱体化すると判断した日本は、蒋介石国民党政府への補給ルートを絶つ好機と考えて、フランス政府の承認を強引に得て、北部仏印（現在のベトナム）に進駐を開始した。

そして昭和十五（一九四〇）年七月に成立した第二次近衛内閣は、大東亜新秩序（松岡洋右外相が記者団に語った外交方針である大東亜共栄圏）建設を国家方針として決定する。日満支に加えて、東南アジアと西太平洋を含んだ全域を日本の政治・経済圏にしようという構想であった。

釻三郎の「大東亜共栄圏」観

釻三郎はこの日本を盟主とする大東亜共栄圏建設構想を、「日本の経済圏を確保すると共に、東亜の民を欧米の搾取から解放して天皇陛下による一視同仁の善政を敷く」という意味で理解して、必ずしも反対はしていなかったが、この事業は、「何十年、何百年にも亙る壮大な事業」であり、臥薪嘗胆の覚悟を以て初めて実行できる極めて困難な事業であることを、多くの場所で語っている。

しかし釻三郎は、近衛首相を始めとする多くの政治家が、そのような覚悟と胆力に欠けていることを憂い、また、短期決戦型の思考しかできない多くの軍人を信用していなかった。

それ故に釻三郎は、大東亜共栄圏構想が登場する前に、「君国への最後のご奉公」という覚悟で北支最高経済顧問に就任したのであり、「占領地に善政を敷くことができれば、中国人をして、日本と中華民国親日政権に対する安心と信頼を得せしめることができ、日中の戦火も収まる」という思いを携えて、占領地の経済復興と人心の安定に取り組もうとした。そして帰国しては政府要人と会見して北支の実状を訴えて、日本の政治家と軍人の意識を変えようと努力したのであった。

釻三郎の北支最高経済顧問の職は一年を待たずして廃止となるが、その後も釻三郎は、日中戦争の早期終結と、これが更なる戦争拡大に発展することを阻止するために次に述べるような努力をしている。

戦争拡大回避のための努力

昭和十四（一九三九）年は、日中戦争が長期化して先が見えなくなり、ノモンハンでは日ソ両軍が衝突し、日独伊三国軍事同盟締結が議論されるようになる。国内では物資が不足し始めて価格統制令が施行されるなど、社会には暗雲が立ち込め、政治は行き詰まりの様相を呈し、内閣は短期間で何度も変わる。

そのような中、釻三郎は政財界の要人を訪ねては様々な提言をし、ソ連との戦争には反対し、特に日独伊三国同盟には反対した。また、かつて宇垣軍縮を断行し、浜口内閣で陸軍大臣を務めて浜口の自由通商と軍備縮小政策に協力した、宇垣一成陸軍大将を内閣首班に擁立しようともした。

そして同年十一月から十二月にかけては、釻三郎は野村吉三郎外務大臣、阿部信行総理大臣、および天皇を輔弼する湯浅倉平内大臣の三人に立て続けに面会して、「英国を仲介者とする蒋介石との和平交渉」、「日中戦争の拡大停止」、及び「占領地の秩序回復と中国民衆との信頼関係の早期構築」を進言している。

釻三郎のドイツ観とイギリス観

釻三郎は、日独伊三国同盟には一貫して反対しており、大のヒトラー嫌いでもあった。この頃は甲南高等学校の毎年の卒業式において、ドイツ語の優秀生がドイツ政府から表彰されることが恒例となっていたが、昭和十五年三月の卒業式でちょっとした事件が起きている。

それはドイツ領事館員が「ドイツも日本も共に同じ正義の為に戦いつつある」と言ったことに反論する形で、釻三郎は次のような演説をして、ドイツ領事館員を怒らせたのである。それ以降、甲南高等学校に対するドイツ政府からの表彰は中止になったと言われている。

「日本は東亜に於ける数億の民族をして肇国の本義に基き、一視同仁の恵沢に浴せしめんために兵を起せしもの…（これに対して）ドイツが自己民族のために戦ひつつあることはドイツ政府が猶太人を追放せるを見ても知るべし。

我が国に於ては古来異民族を排斥したることなく…今日の日本人中には韓民及漢民族の血の流れ居るもの少なからず。さればこそ皇紀二千六百年に及び…世界無比の国体である。…ドイツ国と…日本とは同日の論にあらざることは諸子が心に銘すべきである」（『平生日記』昭和十五年三月五日）。

一方、釻三郎は、英国が立憲君主国として王政と民主主義とを両立させていること、また第一次大戦において、ケンブリッジやオックスフォードの多くの学生が志願して、戦場に出て国難に殉じたという英国魂を賞賛していた。以下はこの頃釩三郎が甲南高等学校で述べた訓示である。

「(ドイツは)ロンドンを爆撃して一挙に降服せしむべしとてこの行動に出でしが…ロンドン市民はロンドンを焦土とするも厭はずとの勇猛心を駆って益勇気を増すものの如…し。…英国魂を以て大和魂を補足することそ、今時の国難を打破して国威を益赫かすよう大に学ぶ処なかるべからず」(『平生日記』昭和十五年九月二十四日)。

「大東亜共栄圏」建設方針発表後の釩三郎

「大東亜共栄圏」建設の方針が決定されて間もない昭和十五(一九四〇)年九月、釩三郎は拾芳会会員を前にして次のように語っている。

「今や我国は亜細亜共栄圏の覇主として八紘一宇の御神勅に宣旨せられたる大使命を全ふするの大責任を負はさるるに至り、実に我国は存亡の危機ともいふべき大国難に遭遇せんとするに至りたり。

吾拾芳会は余が年来主張する人類共存、尽忠報国の精神を以て大和民族の発展を図らんとして企てたるものなれば…この拾芳精神を鼓舞し、各其業を通して君国の為滅私奉公の誠を尽くさざるべからず」(『平生日記』昭和十五年九月二十二日)。

釩三郎は、先に述べた通り、早くから日本人の中国人に対する横柄さや、それに起因する中国人の根深い反日感情を変えることの困難さについて認識していた。また、釩三郎が、北支最高経済顧問として赴任した北京で認識させられたように、日本が占領地の経済再生や民生安定のために投じる人材や資金は余りにも乏しく、このような国力に余裕のない日本が広大な中国を平定することは、絵空事でしかなかった。

そして何よりも米国の経済力と軍事力の強大さを知っていた釖三郎は、米国を敵に回してまで大東亜共栄圏の理想を達成することは絶対不可能であることも理解していたと思われる。

先に引用した、「今や我国は亜細亜共栄圏の覇主として…大使命を全ふするの大責任を負はさるるに至り、実に我国は存亡の危機ともいふべき大国難」という表現は、まさにこの現実を正しく認識していた釖三郎の危機感を表現したものである。

このように正しい現状認識をしていた釖三郎が、なぜ不可能とも思える「亜細亜共栄圏」あるいは「大東亜共栄圏」の建設という政治目標に協力することになったのであろうか。

釖三郎評価の難しさ

第二次近衛内閣が「大東亜新秩序・国防国家」の建設方針を定めて、中国のみならず東南アジアや西太平洋を日本の勢力圏とすることを是認する方向に舵を切ったのは、昭和十五（一九四〇）年七月のことであった。そしてそれ以降に釖三郎が就任した、大日本産業報国会会長、大政翼賛会総務、鉄鋼統制会会長などの要職は、明らかにこの戦争に突き進む無謀な政策を、産業の側から支えようとする任務であった。

このような近衛内閣の無謀な方針に反対するのであれば、これら要職への就任を辞退するという生き方もあったであろう。

しかしこの国難を前にして、政治社会から距離を置いて、甲南学園と甲南病院の理事長としてだけの余生を送ることは、釖三郎の性には合わなかったようである。

さりとてこの時期においては、政府や軍部を正面から批判することは不可能である。この時期にそのような行動に出ることは、社会的地位を奪われて日本社会から抹殺されるだけではなく、命を危険に晒すことでもあった。ここで釟三郎が選択した道は、体制の中に入って国政に参画し、可能な限り正論を貫くことであったのである。

「人類共存」と「報国尽忠」の二つの理念の相克

これまで繰り返し述べてきたように、釟三郎は「人類共存」と「報国尽忠」をその人生指針としていた。この二つの理念が対立する時には、「人類共存」の理念の重要性を認識しつつも、明治第一世代の国家社会の指導者としては当然のごとく「報国尽忠」の理念を優先させた。そして、天皇の詔勅や天皇ご臨席の御前会議で決められた方針については、どんな困難があろうとも「忠臣、平生釟三郎」として従おうとした人でもあった。

この頃の釟三郎の発言は、「亜細亜共栄圏の覇主として八紘一宇の御神勅に宣示せられたる大使命を全ふすべし」、「君国の為滅私奉公の誠を尽くさざるべからず」というものになり、釟三郎もこの理想を信じ、或いは信じようと努力したのである。

この理想を空回りさせずに、実現可能な政策に落とし込んでいくためには、現役軍人が総理大臣になって国政の責任を負えば、経済や外交の実態が分かって、現実的な政策を採ることができると釟三郎は考えたようである。そして自分もその体制の中に入って、「報国尽忠」を優先させつつも、「人類共存」の理念を、可能な限り政策に反映させようとする途を選んだのであった。

しかしその結果、自分の信条である「人類共存」と「報国尽忠」の二つの理念の間で苦悩することになったのは、先に述べた通りである。

東條内閣の成立と「ハルノート」

昭和十五（一九四〇）年九月、日本は日独伊三国軍事同盟を結び、更に日米の緊張が高まる。そして昭和十六年に入ると日米開戦が巷でも囁かれるようになる。

事態は一層深刻さを増してくるが、軍部の突き上げに対して、近衛首相は日米開戦の決断ができず、昭和十六（一九四一）年十月に近衛内閣は総辞職する。

そして「陸軍を抑えることができるのは東條しかいない」ということになって、東條内閣が組閣されるが、同年十一月に強硬な「ハルノート」が米国から提示され、日本は日米開戦へと突き進んで行くことになるのであった。

第十八章

日米開戦後の釟三郎

運命の十二月八日

昭和十六（一九四一）年十二月八日、日本軍のマレー半島進撃と真珠湾攻撃によって、太平洋戦争が勃発するが、この時多くの日本人は、日華事変以降の四年半の重苦しい空気が晴れて、一瞬ではあるが、明るい気分になったと言われている。

十二月八日の平生日記には「今日午後一時大本営より発表あり」という淡々とした記述のみが書かれているだけで、格別の高揚感は見られないが、その一ヵ月後の元旦の日記には、次の通り多くの日本人と共に戦勝を祝う喜びの記述がみられる。

「大戦勝の二千六百二年の元始を迎へて、天気は天皇日和にして、万民の心気も開闊明朗にして、天恩の優渥と皇威の昂揚を欣感せざるものなく、各戸には日章翻として掲げられ、一同賤が伏屋にも屠蘇の杯を傾け、雑煮を味はざるはなく、支那事変開始以来何となく心を俺ひし憂の雲も一陣の風に払拭せられたるの観あり」（『平生日記』昭和十七年一月一日）。

釟三郎の国家奉仕の覚悟

この頃の『平生日記』には、井上孚麿の『明治天皇の御製』を、繰り返し謹読している釟三郎の姿が記述されている。

そして、日本は「うらやすの国」、且つ荒魂を兼備する「細戈千足国《くわしほこちだるくに》」であり、大東亜共栄圏の建設の目的は、「（東亜の民族を欧米勢力の支配から解放して、）皇道に依り陛下の御懿徳に浴せしむるに在り…大には皇国としては欧米人の如く蕃族や半開国人を虐待し征服して自己の欲望を満たさんとする如き皇道精神に反するの行動あるべからず」（『平生日記』昭和十七年一月二日）、と理解した釟三郎は、産業報国会の部員を前にして次のような訓示をしている。

「四年半以前勃発せる支那事変は一転して東亜共栄圏の確保となり、今や日本は大東亜に於て幾百年に亙りアジア民族を征服し搾取し来りたる欧米人を駆逐して、これら十億に垂んとする無辜の民種を其桎梏より解放し、人類共存の主義を以て之を救済せんとするものである…。

米英の根拠が全然我軍の手に帰するは程近き事と思ふ…しかしてこの神勅を顕現するためには今後幾十年幾百年に亙り我々日本人は物的は勿論、心的にも今一段の辛苦を嘗むるの覚悟を要す…。

産業人として事業主も経営者も労務者も心を同ふし力を協はせ、己を空ふして活動し、以て皇運扶翼の誠を竭くすの外なしと思ふ」（『平生日記』昭和十七年一月十四日）。

そして鉄鋼統制会会長や大日本産業報国会会長を務める政財界の重鎮として、釟三郎が公に語る挨拶や訓示においては、天皇陛下の『開戦の詔書』や東條首相の演説の趣旨を踏まえたものとなるが、甲南高等学校の朝礼では、次のように釟三郎ならではの考え方も交えた訓示をしている。

「大東亜さえ我手中に入らんか、今日欠乏せる物資は続々として輸入せられ、我々日本人は飽食暖衣、何等の不足を感せざるが如き口吻を以ってするに至りては実に錯覚の甚だしきものである…。

一視同仁、共存共栄は陛下の厚き思召なれば、彼等をしてより良き生活を enjoy せしめんには彼らに物資を分与せざるべからず…我々日本人は今一段の節約と消費規正を行はざるべからず。

…米国は人口一億二千万人、物資豊富にして之を降伏せしめんには…如何に天祐ありとするも狂気の沙汰といふべし。米国との戦争は長期に亙るものと覚悟せざるべからず…今一層の辛苦に耐ゆるの覚悟を要す」(『平生日記』昭和十七年一月二十六日)。

また、取材に来た新聞記者に対しては、次のような見解も述べている。

「大東亜共栄圏内に資料が如何に豊富なりとて、ヤラズブッタクリ主義で獲得するを得ず…(彼等)が要求する資料を交換的に輸出せざるべからず…。

然らずして軍票や紙幣にて彼等の生産する物資を強制的に購入せんか、英米人と何等異なる処なからん。かかる行動は陛下の思召に悖るものにして、彼等数億の土民をして満足をなし、親日ならしむる道にあらず」(同、昭和十七年二月十六日)。

このように「一層の辛苦に耐ゆるの覚悟を要す」と生徒を戒める一方で、巨大な国力を有する米国を降伏させるのは「狂気の沙汰」と本音を漏らしている。またこの戦争は大東亜の民を欧米の圧制や搾取から救済するもので、日本が欧米のように、彼らを虐待して搾取することはあってはならないと危惧していたのである。

日米開戦となった以上勝たねばならぬ

しかし日米開戦となった以上勝たねばならず、釟三郎は鉄鋼統制会会長や大日本産業報国会会長に就任し、更に昭和十七（一九四二）年五月には、二十二の統制会を束ねる重要産業統制団体協議会会長にも就任して、一層国策に協力するようになる。

そして、「うけつぎて　まもるもうれし　ちはやふる　神のさだめし　うらやすの国」という井上孚麿の『明治天皇の御製』を拝読しては、「大東亜共栄圏の理想は神代に於ける御勅を具現するものである」、「支那数億の民草をして幸福なる生活を享けしめんとするものであって、欧米人のように東亜の民を搾取し征服するものではない」、従って「対英米戦争も皇道精神に背反するものではない」と自分自身に言い聞かせるのであった。

昭和十七年の戦況は、シンガポール、ジャワ、フィリピン、ビルマを攻略して、連戦連勝の機運が続いていたが、年後半に入ると、米国では反戦運動や工場のストライキは鳴りを潜め、各自動車工場は軍用機、軍用車両の生産に注力しているとの情報が入るようになる。

釟三郎は、今般の戦争は、兵士が戦う武力戦ではなく、如何にして優秀な兵器や物資を、必要なだけ十分に供給することが出来るかが問われる「生産戦」であると言う。そして、「前線にある皇軍の将兵をして後顧の憂いなからしむることは、産業に従事する我等の責任」であると言い、「事業主、経営者、労働者が三位一体となって、銃後に在る産業人は、増産に奮闘せよ」と言って、産業報国会では熱を帯びた口吻で以て鼓舞する。

「（米国に於ては）数百万台の自動車の製

造工場は忽ちにして各種飛行機や戦車や軍用トラックの製造場と変じ…現在の生産数を以てして年六、七万台に及び、来期に於ては一年十二万台を目標とせるが如し。

故に今後当分の間は武力戦にあらずして生産戦である。物資豊富、工業殷盛、人口多数なる米国が full speed を以て軍機の製造に従事するに対して、之に拮抗することは中々の難事であります」（大日本産業報国会陣頭指揮懇談会での発言、『平生日記』昭和十七年十月二日）。

「資本主義、個人主義の理想に依れば個人の利益を目標として産業が経営せられしが、個人主義経済は我国体の本義に背反するものである。…産業もまた事業主、経営者、労務者が三位一体として皇国の為生産をなすものである…。

前線にある将兵が不惜身命の決意を以て善戦善勝するは、君国の為臣民としての奉公をなさんとするにあり、銃後にある産業人も同一の決意を以て増産に奮励せざるを得ず」（日本経済連盟会での発言、『平生日記』昭和十七年十月八日）。

勲一等旭日大綬章叙勲と突然の脳血栓

昭和十七（一九四二）年十月、釟三郎は勲一等旭日大綬章の叙勲を受けた。釟三郎は「民間

勲一等旭日大綬章を胸に
（画像提供：甲南学園）

人で勲一等を受勲することは極めて稀であり、一門の名誉にして先祖に対しても家名を顕彰するに足る」と言って、実父田中時言と養父平生忠辰に対する責任を果たせたことを喜んだ。

そして十一月七日、東條英機首相の命を受けた星野直樹内閣書記官長の訪問を受け、釟三郎を枢密顧問官に奏薦せんとする内意が伝えられる。近年老いを感じていた釟三郎は、これを機に多忙な鉄鋼統制会会長を辞任しようと考えて、直ちにこれに応諾する旨を伝えた。

ところがその二日後の昭和十七（一九四二）年十一月九日、釟三郎は突然の脳血栓に襲われる。一時は意識朦朧として記憶も失われたかに思われたが、その後静養を経て右半身に麻痺がみられるものの、介助があれば外出ができるまでに快復した。

枢密顧問官に就任

釟三郎は、この身体では枢密顧問官の責任を全うする自信がないため、昭和十八（一九四三）年一月に書面を以て親任の取り下げを申し出ていたが、再三の説得により受諾することを決め、四月二十八日、宮中に参内して天皇陛下から枢密顧問官に任ずる旨の御沙汰を賜った。

そして岐阜県にある田中家の墓に参拝し、「かかる栄誉を拝命したるは、曾祖父及び父の訓育および実行をもって示された日本武士の魂が、幼児より今日に至るまで七十七年の長き間余の脳中に伝承せられたる賜物」と言って、実父が果たせなかった「祖先に対し面目を施す」ことができたことを報告した。

なお釟三郎は、脳血栓の発症と枢密顧問官親任を機に多くの公職を辞任することになるが、大日本産業報国会会長と大政翼賛会総務の職には引き続き留まることになる。

米軍の反転攻勢

昭和十八（一九四三）年に入ると、ガダルカナル島撤退、アッツ島玉砕、米国潜水艦による日本商船被害の続出など、米軍が反転攻勢を強めているとの情報が入ってくる。そして中国では、日本が支援する汪兆銘南京政府には中国の有力者が思うように参集せず、蒋介石の重慶政府を支持する勢いは益々強くなってきているなど、日本の太平洋方面での対米戦の劣勢とともに、大東亜共栄圏構想の破綻を認めざるを得ない情報が次々と入ってくる。

しかしそれでも釟三郎は「忠臣、平生釟三郎」を貫こうとする。そして「現下の戦局は憂慮すべき状態なりと政府の幹部においても危惧の念をいだく者あり、これに対する意見は如何に」と取材に来た新聞記者に対して釟三郎は次のように述べている。

「余は全く東條総理に信頼し、全面的に其政策、軍略に支持するのほかなし…現政府が如何なる法律を発令するも如何なる命令を下すも、全々之に従ふことと決心し、一切は政府に一任し、我々は其命令に服従するものと決心せり」（『平生日記』昭和十九年二月一日）。

教育問題では反骨精神を見せる

このように、国策に協力する釟三郎ではあったが、教育問題に関しては、釟三郎は反骨精神を見せている。昭和十九（一九四四）年八月に、羽仁もと子の自由学園が「学園の名称から自由の名を外すよう」当局から圧力をかけられた際には、釟三郎は文部省や内務省を奔走して羽仁もと子を助けている。

その前の昭和十六（一九四一）年にも、「外国人の助力を受けているミッションスクールに対して文部当局が迫害を加えようとしている」との相談を聖心女学院から受けた際には、釦三郎は文部次官に掛け合って、聖心女学院は事なきを得ている。

迫りくる敗戦の足音

昭和十九（一九四四）年になると、米軍はマーシャル諸島を次々と攻略して、遂にサイパン島にまで迫ってくる。六月のマリアナ沖海戦では、日本海軍は空母三隻を含む多くの艦船と四五〇機以上の航空機を失い、三千名以上の戦死者を出すという大敗北を喫したが、当時の新聞発表は、「敵に大打撃を与えたが我が軍の被害は軽微」というものであり、釦三郎は疑ってはいたものの、そこまでの大敗北とは知る由もなかった。

サイパン島の戦いでは、日本軍は四万人の将兵が玉砕し、一万人の民間人が集団自決するという、壮絶な敗北を喫した。そして七月になって陸海軍はサイパン島の放棄を決定し、七月十九日にはサイパン玉砕の新聞発表があり、東條内閣は責任を取らされる形で総辞職した。

日本軍がサイパン戦で大敗北を喫して後、米軍はマリアナ諸島に大規模な空軍基地を建設する。そして昭和十九年後半になると、米軍による本土空襲が本格的に始まって、国内の物資不足がいよいよ顕著になってくる。

同年八月には、鉄鋼統制会の藤井丙午総務部長から、「海軍からは船舶大幅増徴の要求あるも、内外の輸送事情は極度に悪化して原料供給が儘ならず、工場は一部休止状態で鉄鋼生産は減少する一方である」、という趣旨の説明があり、「戦局の実相も戦力の実態も惨憺たることとなり、もはや一億臣民の死力を尽くすにあらざれば決戦突破困難」（『平生日記』昭和十九年八月八日）という悲愴な報告を聴く。

また川崎重工業の鋳谷正輔社長からも、良質な原料の充分な供給がないことを訴えられ、「近来飛行機が粗造濫製にして其為練習中に墜落して飛行機と共に飛行士を失ふこと少なからず」（『平生日記』昭和十九年八月二十八日）という、これまた悲痛な報告を受ける。

そして九月になって、大日本産業報国会の組織改革もあって、釟三郎は会長を退任することとなり、甲南学園と甲南病院の理事長、および枢密顧問官以外の公務からは全て引退することになる。

戦時下の甲南学園

甲南小学校では、阪神大水害で被災した校舎の再築のため、戦時下の経済統制により鉄筋の調達には苦労したが、釟三郎は各省庁を回って鉄筋の割当承認取得に奔走し、昭和十七年十二月に、地下一階と地上一階は鉄筋コンクリート造、二階は木造とする立派な校舎が完成した。

しかし昭和十九（一九四四）年後半に入ると、

甲南学園の軍事教練を閲兵する釟三郎　（画像提供：甲南学園）

米軍による都市空襲が頻繁に行われるようになり、昭和二十（一九四五）年四月から十月まで学童疎開を実施した。

甲南高等学校では、全国高等学校とともに昭和十七（一九四二）年度からの繰上げ卒業が開始され、翌十八年十二月には学徒出陣の壮行会が挙行される。釟三郎は十七名の出陣学徒に自署入りの絹のハンカチを贈り武運長久を祈った。

昭和十九（一九四四）年夏からは、同年八月に公布された学徒勤労令によって勤労動員が本格的に実施され、甲南高等学校の生徒は東芝工場、浪速造船などの工場に配属された。

甲南高等女学校でも、勤労動員が開始され、「生徒の品位が日に日に下落して行く」と憂いた表校長は、在校生が同じ場所で勤労奉仕ができるようにと、学校工場化を決定した。

第十九章

釻三郎の晩年

昭和十九（一九四四）年九月に大日本産業報国会会長を退任後、余命幾何もないことを予感した釻三郎は、国家に対して航空兵器増産およびそのための研究資金として二百万円を献納し、甲南高等学校に二万円、甲南小学校に二万円、甲南高等女学校に一万円、そして東京産業大学（高等商業の後進である東京商科大学の当時の名称）に二万円、岐阜県の加納小学校に一万円を寄付した。

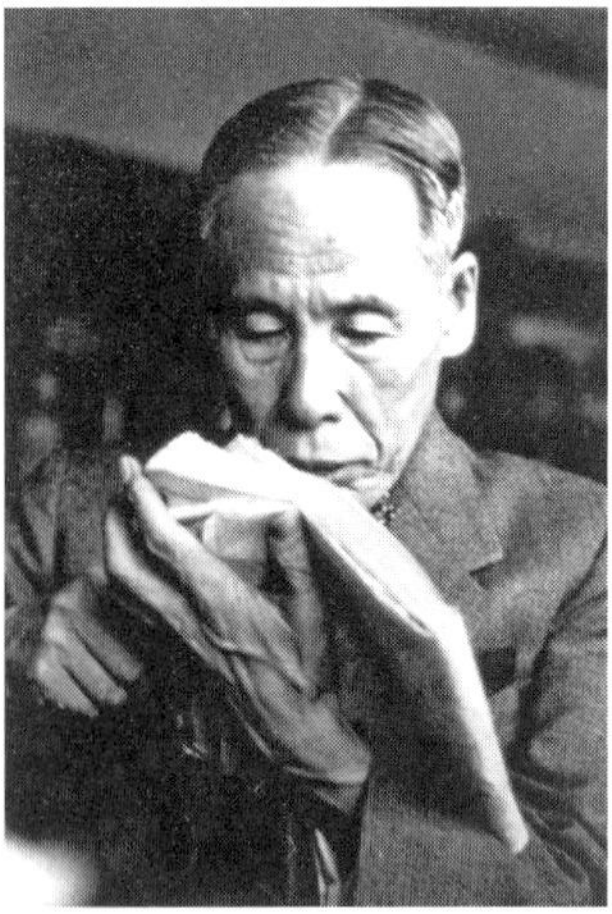

晩年の釻三郎
（画像提供：甲南学園）

既に体力が衰えて、床に伏せることが多くなっていたこともあり、日記の記述も徐々に少なくなって行く。そして昭和十九年十一月には甲南高等学校の校長を辞して、天野貞祐が校長に就任した。

昭和十九年後半からは、米軍による日本本土空襲が本格化し、昭和二十年以降は、日本各地で頻繁に大規模な空襲がおこなわれるようになる。周囲がしきりに疎開を進めても、「陛下の直臣が陛下に先立って疎開することはできない」と小石川の自宅で頑張っていた釻三郎も、周囲の再三の勧告に動かされて四月十二日に軽井沢に疎開する。

この疎開の直前の四月一日には、強制疎開令の適用を受けて、小石川の拾芳寮が取り壊され、その跡地には防空壕が掘られて、そこに釟三郎の膨大な量の日記が運ばれた。取り壊しを免れた平生邸も五月二十五日の空襲で焼失するが、壕に運ばれた日記は殆んど無事に残り、その半世紀後に、甲南学園によって、『平生釟三郎日記』として翻刻出版されることになる。また、昭和二十年六月の阪神大空襲では、甲南高等学校は無事であったが、甲南小学校と甲南高等女学校が全焼した。甲南病院の石屋川外来診療所も全焼した。

そして日本は運命の八月十五日を迎えることになり、釟三郎は軽井沢でポツダム宣言受諾の玉音放送を聞くこととなる。当日の日記には次のように記されている。

「本日天皇陛下より詔書を放送せらる。総理大臣より告諭を出し、一同聖断を拝し、慟哭す・・・結局無条件降伏のだんどりとなるに至らん」（『平生日記』昭和二十年八月十五日）。

釟三郎は、その二ヵ月後の十月下旬に東京に戻り、目黒区洗足にある拾芳会会員の津島純平【28】の家に一時仮寓した後、津島の所有する借家に移ったが、昭和二十（一九四五）年十一月二十七日、老衰により静かに息を引き取った。享年八十（満七十九歳六ヵ月）であった。

【28】津島《つしま》 純平《じゅんぺい》

明治二十五（一八九二）年〜昭和四十三（一九六八）年。岡山県出身。

青山学院中等部、三高、東京帝大卒、三井物産を経て弁護士として独立。中川路貞治、澤正治、井波七郎と共に、河合哲雄著、拾芳会発行、羽田書店発売の『平生釟三郎』の編集委員を務め、澤正治と共に最後まで釟三郎に付き従った拾芳会の中心的会員の一人。

釟三郎は、敗戦の日から最期の日の前日まで、毎朝六時半に起床して服を整え、正座をして「大東亜戦争終結の詔書」を謹読していたという。

十二月十六日には、甲南高等学校講堂で学園葬が執り行われ、終戦直後の混乱期にも拘わらず三千人の弔問者が駆け付けた。

釟三郎の墓は、甲南小学校の北西七〇〇メートルに位置する小林墓地にあり、御影石の自然石でできた墓碑は、伊藤忠兵衛らによって建てられたものである。

釟三郎が残した事業 その後

本書を閉じるに当たって、釟三郎が心血を注いでつくり上げたそれぞれの事業について、釟三郎没後の「その後」について簡単に触れておく。

戦後の学制改革と旧制甲南高等学校の終焉

旧制甲南高等学校では、天野貞祐が昭和十九（一九四四）年十一月に甲南高等学校の第七代校長に就任したことまでは先に述べた。

天野は、知育は徳育に通ずるとして、知育を第一に置く自分の主張にしたがって校風に変革を加えようとしたが、それは人格教育を第一に置く甲南学園の伝統との軋轢を生み、何人かの古参の教員が退職する事態となり、学内に混乱が起きる。

しかし太平洋戦争の戦火が激しくなり、繰上げ卒業、学徒出陣、勤労動員などで教育環境は荒廃して行き、知育重視か徳育重視かの教育方針の対立は戦後に持ち越されることになる。

敗戦後、昭和二十（一九四五）年の二学期が始まると、甲南高等学校には多くの生徒が戻ってくるが、そこで再び天野と教員陣との間で教育方針を巡っての対立が再燃することになる。しかし丁度その時に第一高等学校校長就任の声が掛り、昭和二十一年二月に天野は甲南高等学校校長を辞任して、後任には隈部以忠が就任した。

釟三郎没後の理事長については、予てより後任と目されていた伊藤忠兵衛が就任したが、伊藤は間もなく公職追放で退任することになり、後任には、当時日商社長や貿易庁長官を務めていた永井幸太郎が就任した。

甲南学園は財産の喪失などによる打撃が甚だしく、基本財産のほとんどが無に帰して経営がきわめて困難になる。その中で、教育制度の改革が布告され、新しい六・三・三・四制に変わることになった。その結果、新制甲南中学校は昭和二十二年四月に、新制甲南高等学校は昭和二十三年四月にそれぞれ開校し、いっぽう旧制甲南高等学校は昭和二十五年三月に、最後の卒業生を送り出してその歴史を閉じた。

新制甲南大学の開設

甲南大学の開設については紆余曲折があった。大学を設置するか、設置するとすればどのような大学にするのか、学園をあげての激しい議論が交わされた。「将来は幼稚園から大学までを運営する東洋一の総合学園を建設する」という釟三郎の強い思いを実現させる絶好の機会であるのに、財政事情がそれを簡単には許さない。

いっそのこと、国立大学に吸収されるかという議論もあった中で、かつて甲南高等学校で教鞭をとっていたことがあり、当時は京都帝大教授の職にあった荒勝文策【29】が学長候補に浮かび上がり、他の公立私立の大学からも学長招聘の動きがあるなか、卒業生の正井辰男理事の尽

【29】荒勝《あらかつ》 文策《ぶんさく》

明治二十三（一八九〇）年～昭和四十八（一九七三）年。兵庫県出身。日本を代表する核物理学者。

東京高等師範学校（現在の筑波大学）を卒業して佐賀県で教職に就いた後、京都帝大に入学。京都帝大助手、甲南高等学校助教授、英・独留学を経て、台北帝大教授、京都帝大教授、甲南大学学長を歴任。勲二等旭日重光章受勲。

戦時中、陸軍は理研の仁科芳雄教授と、海軍は京大の荒勝教授と夫々組んで、原爆の研究が行われた。

力もあって、荒勝が就任することになった。そして荒勝の強い意向によって、文理学部を中心とした四年制の総合大学をつくるという方針が決定されることになる。

昭和二十六（一九五一）年四月、先ずは文理学部だけの小さな四年制甲南大学が発足した。その後、経済学部、文学部、理学部ができ、続いて法学部と経営学部が増設されて、十年後には、五千人の学生を有する関西の有力大学に成長した。

その後、阪神淡路大震災を含めて多くの困難にも直面したが、令和元（二〇一九）年に、学園設立一〇〇周年を盛大に祝うことができた。

甲南大学は、令和五（二〇二三）年現在、大学院生を含む総学生数が一万人におよび、関西の有力大学のひとつとして現在も発展を続けており、甲南中学校、甲南高等学校とともに、その存在感を示している。

甲南小学校と甲南高等女学校は、戦後の学制改革の際に、甲南学園と一体化する意見もあったが、それぞれ独立法人のまま現在に至っている。

甲南高等女学校は甲南女子学園に名称変更して、中学校、高等学校、大学を有する五千人規模の学園となり、甲南小学校は学園規模を二倍にして、現在では幼稚園を含めて五百人規模の学園となっている。これら甲南三学園は、現在でも密接な交流を続けている。

甲南病院のその後

甲南病院は空襲の被害にあうこともなく、戦後も高い医療水準を保ち続けて、地域基幹病院として阪神間では高く信頼されてきた。しかし二十年ほど前から経営が悪化して、一時は倒産寸前の状態にまで陥った。原因は、代々の理事長が名誉職であって経営の責任をとらず、放漫経営が続いた結果であった（小川守正 2018）。

そのような危機的状況の中、平成十五（二〇〇三）年に理事長に就任したのが、旧制甲南高等学校卒業生の小川守正であった。小川は、松下電器産業勤務時代に、「経営の神様」と言われた松下幸之助からじきじきに危機の経営学を叩き込まれていた。そして小川の献身的な陣頭指揮によって甲南病院の経営は大幅に改善した。

そして小川のあと理事長を継いだ釟三郎の孫の平生誠三によって、大規模な病棟の建て替え工事が行われ、法人名は「一般財団法人甲南会」から「公益財団法人甲南会」に、病院名も「甲南病院」から「甲南医療センター」に改称された。

令和四（二〇二二）年に新病院がグランドオープンし、理事長も具英成に交代して、現在では、病床数四六一床を有する大規模な総合病院となり、東神戸の中核病院として位置づけられている。

ブラジルの日本人移民その後

明治四十一（一九〇八）年から始まった戦前のブラジルへの日本人移住者は約十八万人であるが、この内半数の約九万人が、釟三郎が昭和六（一九三一）年に海外移住組合連合会会頭に就任後の十年間に集中しており、釟三郎の貢献の大きさが伺える。しかし日米開戦後の昭和十七（一九四二）年一月、ブラジル政府は日本との国交断絶を通告し、日本人移民の受入も杜絶した。

ブラジルに残留した日本人移民は、敵国移民として扱われて大変な苦労をしたが、戦争が終わっても、日本は敗戦後の荒廃と食糧難に喘いでいたため、とても帰国できる状況ではなかった。そして彼らは永住の道を歩むことになり、現在ではその三世、四世が中心となって、約二百万人もの日系ブラジル人社会を形成している。

戦後の日本人移民の再開と終焉

戦後のブラジルへの日本人移民は、昭和二十七（一九五二）年に再開し、五万人強が移住したが、日本の高度経済成長により、一九六〇年代に入ると移民は急減した。

そして神戸移住センター（設立当初の名称は国立移民収容所）は昭和四十六（一九七一）年に閉鎖され、移民船による移民も、昭和四十八（一九七三）年の横浜港出発を最後に終了した。

拾芳会出身の宮坂国人が戦時中もブラジルに残留して守り抜いた南米銀行は、平成十（一九九八）年にその幕を閉じた。

神戸財界が中心となって設立された日伯協会も、神戸移住センターの閉鎖とともにその活動は低迷を余儀なくされたが、一九九五年の阪神淡路大震災で、ブラジル日系人社会から八千万円を超える義捐金が寄せられたことが契機となって、同会を中心に旧神戸移住センターの保存と新会館の開設運動が始まり、二〇〇九年に「海外移住と文化の交流センター」が開館した。

この開館に先立つ二〇〇五年から翌年にかけては、「ブラジル移住者の大恩人…平生釟三郎展」が神戸と横浜で開催されている。またブラジルでは、一九九八年に二つの日系人社会支援団体が統合して、宮坂の名前を冠した「宮坂国人記念財団」が設立されている。

このように、平生釟三郎と宮坂国人の功績は、一世紀を経んとする今日に於いても大きく顕彰されており、両人のブラジル移住者支援に対する貢献が如何に大きかったことかが伺える。

釟三郎が夢見た日中和平

日華事変後の中国における戦争が泥沼化する中にあって、釟三郎は昭和十三（一九三八）年に北支最高経済顧問に就任して、占領地の治安の回復と中国民衆の生活向上を図り、中華民国の親日政権が中国民衆の信頼を得ること、そして日本と中国との戦争を早期終結させることを「最後の使命」と覚悟して北京に赴任した。

しかし日本の軍国主義が進行する中で、釟三郎の思いを実現させることはもとより不可能なことであり、釟三郎は失意の中で北支最高経済顧問を辞任したことは先に述べたとおりである。

村田省蔵による戦後の日中和解の第一歩

戦後の中国本土には中華人民共和国が樹立されたが、深刻化する東西冷戦によって、日中の国交回復は、昭和四十七（一九七二）年まで待たなければならなかった。しかし戦後間もない時期に、日中和解の行動を起こした人の中に、釟三郎の盟友であった村田省蔵がいる。

村田は、釟三郎と同じ高等商業学校を卒業し、やがて大阪商船の社長に昇りつめ、大阪ロータリークラブや自由通商協会では釟三郎と行動を共にし、貴族院議員および逓信大臣や鉄道大臣を歴任し、戦時中は比島（フィリピン）占領軍最高顧問に就任するなど、釟三郎の経歴と重なるところが多く、釟三郎とともに関西財界の顔であり、その考え方も近かった。

戦後、村田はA級戦犯容疑者として二年間巣鴨に拘置されるが、A級戦犯容疑の解除後、自身が比島占領軍最高顧問として直接かかわったフィリピンに対する賠償交渉使節団の団長を務めて、戦後の日比親善に尽力した。

また、財界人としてはいち早く、中華人民共和国との貿易を促進する目的で設立された「日本国際貿易促進協会」の設立に関わり、村田は初代会長として昭和三十（一九五五）年に周恩来首相と対面し、翌年には宋慶鈴や毛沢東とも対談をして、これまた日中の和解に尽力した。

そしてこれは後の、廖承志と高碕達之助の「L

T貿易協定」に繋がって行く。

日本製鉄後輩による中国宝山鋼鉄所の建設協力

釻三郎は、日中戦争から太平洋戦争に至る間に、日本製鉄の会長そして社長を務めているが、その時に幹部社員であった、永野重雄、稲山嘉寛、藤井丙午らが、日中国交回復後に、中国の宝山鋼鉄の建設に大きな貢献をしている。

日中国交回復前の昭和四十六（一九七一）年に、当時新日本製鉄会長であった永野が、周恩来首相と会見して宝山鋼鉄所建設の地ならしを行い、昭和四十七（一九七二）年の日中国交回復後の昭和五十二（一九七七）年には、永野の後任会長に就任した稲山嘉寛と中国共産党副主席李先念との間で、新日本製鉄による宝山鋼鉄所の建設協力が決定され、昭和五十三（一九七八）年に着工された高炉建設は、一九九〇年代半ばに第三号炉が完成するまで続けられた。

釻三郎が北支最高経済顧問に就任した際に夢見た中国の経済発展のための重要な施設が、その四十年後に釻三郎の後輩たちによって実現することになったのである。

このように、釻三郎が苦労して立ち上げた事業の多くは、釻三郎の精神を継承する後輩たちによって引き継がれ、その後一層の発展を遂げてその輝きを増している。

しかしながら世界に目を転じると、今も世界では国境や権益を巡っての争いが絶えず、暴力や少数弱者への迫害が頻発している。

我々人類は、釻三郎が信条とした「人類共存」と「報国尽忠」という二つの理念を両立させることは未だ出来ていない。このことを最後に重く受け止めたいと思う。

平生釟三郎の略年譜（1）

和　暦	西　暦	満年齢	事　　績
慶応 2	1866	0 歳	5 月 22 日 田中時言の三男として誕生
明治 13	1880	14 歳	岐阜中学校を中退して上京
明治 14	1881	15 歳	東京外国語学校（ロシア語科）入学
明治 19	1886	20 歳	東京商業学校入学 元岸和田藩士平生忠辰の養子となる
明治 23	1890	24 歳	高等商業学校（東京商業学校の後継）卒業 同校助教に就任、佳子と結婚
明治 24	1891	25 歳	朝鮮国仁川海関の官吏に就任
明治 26	1893	27 歳	兵庫県立神戸商業学校の校長に就任
明治 27	1894	28 歳	東京海上保険会社に入社
明治 30	1897	31 歳	同社ロンドン支店に赴任
明治 33	1900	34 歳	同社大阪・神戸支店長に就任
明治 40	1907	41 歳	妻佳子死去
明治 41	1908	42 歳	信枝と再婚するも一年後に死去
明治 42	1909	43 歳	3 度目の妻すゞと再婚 住吉村に転居
明治 44	1911	45 歳	甲南幼稚園・小学校の創立に参加
明治 45	1912	46 歳	私設奨学金事業（拾芳会）を開始
大正 3	1914	48 歳	甲南幼稚園・小学校の経営を引受ける
大正 6	1917	51 歳	東京海上火災保険の専務取締役に就任
大正 7	1918	52 歳	甲南中学校を設立
大正 11	1922	56 歳	カナモジ会に参加
大正 12	1923	57 歳	7 年制甲南高等学校を設立 (甲南中学校は発展的に廃止)
大正 14	1925	59 歳	東京海上火災保険の専務取締役を退任
大正 15	1926	60 歳	甲南学園と甲南小学校の理事長に就任 大阪ロータリークラブ会長に就任
昭和 2	1927	61 歳	甲南病院設立計画発表・募金活動開始 兵庫県教育会会頭に就任
昭和 3	1928	62 歳	自由通商協会に参加して常務理事に就任
昭和 4	1929	63 歳	文政審議会委員に就任

平生釟三郎の略年譜（2）

和　暦	西　暦	満年齢	事　　績
昭和 6	1931	65 歳	大阪軍縮促進会の創立に参加 財団法人甲南病院を設立 海外移住組合連合会会頭に就任 川崎造船所和議整理委員に就任
昭和 8	1933	67 歳	川崎造船所社長に就任 第 3 代甲南高等学校校長に就任
昭和 9	1934	68 歳	甲南病院を開設
昭和 10	1935	69 歳	訪伯経済使節団団長に就任 貴族院議員に勅選、川崎造船所社長退任
昭和 11	1936	70 歳	第 3 代甲南高等学校校長を退任 広田内閣の文部大臣に就任
昭和 12	1937	71 歳	第 4 代甲南高等学校校長に就任 日本製鉄会長に就任
昭和 13	1938	72 歳	北支最高経済顧問に就任 第 4 代甲南高等学校校長を退任
昭和 14	1939	73 歳	北支最高経済顧問を退任 第 6 代甲南高等学校校長に就任
昭和 15	1940	74 歳	大日本産業報国会会長に就任 大政翼賛会総務に就任 日本製鉄の社長に就任
昭和 16	1941	75 歳	鉄鋼統制会会長に就任 日本製鉄社長退任
昭和 17	1942	76 歳	重要産業統制団体協議会会長に就任 翼賛政治会顧問に就任 勲一等旭日大綬章叙勲 脳血栓で右半身不随になる
昭和 18	1943	77 歳	枢密顧問官に親任 多くの役職を退任
昭和 19	1944	78 歳	大日本産業報国会会長を退任 第 6 代甲南高等学校校長を退任
昭和 20	1945	79 歳	11 月 27 日　東京にて永眠

主な参考文献

安西敏三著 『平生釟三郎、その教育理念に関する一考察』 甲南法学第26巻第4号 1986年
安西敏三著 『政治家としての平生釟三郎（二・完）』 甲南法学第29巻第2号 1989年
安西敏三著 『昭和精神史における平生釟三郎』 甲南法学第60巻第1・2・3・4号 2020年
安西敏三編著 『現代日本と平生釟三郎』 晃洋書房 2015年
伊藤隆編 『笹川良一と東京裁判・別巻「国防と航空」』 中央公論新社 2010年
及川英二郎著 『産業報国運動の展開：戦時生活統制と国家社会主義』 史林82巻第1号 史林研究会 1999年
小川守正・上村多恵子共著 『平生釟三郎伝／世界に通用する紳士たれ』 燃焼社 1999年
小川守正著 『続・平生釟三郎伝／昭和前史に見る武士道』 燃焼社 2005年
小川守正著 『我が人生おもろかったで』 燃焼社 2018年
河合哲雄著 『平生釟三郎』 財団法人拾芳会 羽田書店 1952年
川崎重工業百年史編纂委員会編 『川崎重工業株式会社百年史』 川崎重工業 1997年
甲南学園50年史出版委員会編 『甲南学園50年史』 甲南学園 1971年
甲南学園編 『平生釟三郎講演集』 甲南学園 1987年
甲南学園編 『平生釟三郎／人と思想』 甲南学園 1999年
甲南学園編 『平生釟三郎／人と思想Ⅱ』 甲南学園 2003年
甲南学園編 『平生釟三郎日記』 第1～18巻及び補巻 甲南学園 2010～2020年
甲南大学総合研究所編 『平生釟三郎の日記に関する基礎的研究』 甲南大学総合研究所叢書1 1986年
甲南大学総合研究所編 『平生釟三郎の総合的研究』 甲南大学総合研究所叢書9 1989年

甲南大学総合研究所編　『平生釟三郎とその時代』甲南大学総合研究所叢書18 1991年
甲南尋常小学校編　『甲南小学校要覧』甲南学園私立甲南尋常小学校 1921年
甲南病院編　『甲南病院の五十年』財団法人甲南病院 1984年
佐々木英和著『自己実現思想における個人主義・国家主義・神秘主義／人格概念の多元的展開に関する試論的考察』
宇都宮大学教育学部紀要第一部第58号 2008年
住吉歴史資料館、内田雅夫編　『わたしたちの住吉』一般財団法人住吉学園 2018年
高瀬幸恵著　『徳育論争の再検討』桜美林論考「心理・教育学研究」第9巻 2018年
田代文幸著　『満州重工業開発株式会社の設立と外資導入交渉』
北大法学研究科ジュニア・リサーチ・ジャーナル№8 2001年
津島純平編　『平生釟三郎追憶記』財団法人拾芳会 1950年
筒井清忠著　『日本型「教養」の運命』岩波書店 1995年（岩波現代文庫 2009年版）
半沢健市著　『財界人の戦争認識／村田省蔵の大東亜戦争』神奈川大学21世紀COEプログラム 2007年
平生釟三郎著・安西敏三校訂　『平生釟三郎自伝』名古屋大学出版会 1996年
平生釟三郎述『（新版）私は斯う思ふ』甲南高等学校・中学校編 1997年
広中一成著　『傀儡政権／日中戦争・対日協力政権史』角川新書 2019年
福井俊郎編　『旧制甲南高等学校／歴史と回想』旧制甲南高等学校同窓会 2017年
藤本建夫著　『実業家・教育者平生釟三郎における"liberate"な社会像と軍事国家体制との相克』（1）
甲南経済学論集第61巻第1・2号 2020年
星野行則著　『國民教育上ノ重要問題』カナモジカイ 1937年
武藤山治述　『政界革新運動と實業同志會』實業同志會 1923年

あとがき

私は、幼稚園・小学校から中学校・高等学校そして大学まで甲南学園でお世話になり、また民間企業を定年退職後には、甲南学園甲南小学校の理事長をしていた友人に誘われて、甲南小学校の事務長を三年半務めました。

その際に、甲南学園の創立者である平生釟三郎についてあらためて勉強しようと、七十年前に発行されて色褪せて小学校の書架の奥に納まっていた、河合哲雄の『平生釟三郎』を、引っ張り出して読み始めました。

読み進むにしたがって思い知らされたことは、「人類共存」と「報国尽忠」という二つの理念が釟三郎を突き動かして、実業家から社会事業家としての道を歩み始め、多方面に亙って偉大な業績を挙げるとともに、困難な時代と格闘して苦悩した人であったということでした。

「人類共存」と「報国尽忠」という二つの理念は、もとは釟三郎の私設奨学金事業である拾芳会の給費生への人生指針として与えられたものでしたが、それは同時に釟三郎自身の信条でもあったと考えて、これを軸にして平生釟三郎の伝記を書いてみようと、本書に挑戦したのでした。

俄か勉強の浅学の身であるために、重大な見落としや理解不足、あるいは誤解や間違いがあることを恐れながらも、多くの皆様方に読んで頂くことを願い、忌憚の無いご意見を頂ければ有難く思っております。

最後に、本書作成にあたりましては、甲南大学の安西敏三名誉教授、藤本建夫名誉教授、甲南高等学校の山内守明校長、甲南学園元職員の大野愛子氏、甲南大学同窓会事務局長の瀧川俊治氏、および元旧制甲南高等学校同窓会幹事長の福井俊郎大阪大学名誉教授から多大なるご指導と暖かい励ましを賜りました。
特に福井俊郎名誉教授からは、出版を前提に単行本の形に画像も取り込んで、章立てや文章構成も見直せということになり、題目の選定から始まって語句の使い方や句読点に至るまでご助力を頂きました。そして運よく二〇二三年度甲南大学出版会の出版助成金付出版企画で採用して頂くことに成りました。

その後、あらためて甲南大学出版会の委員から、いくつかの不正確な記述の修正を伴なう文章表現のご指導を賜り、また、事務職員の中島隆之氏には、本文の校正や、表紙、カバー、帯などのデザイン作成において、神戸新聞総合出版センターとの間に立って、種々の打合せや取次ぎの労をとっていただきました。そして神戸新聞総合出版センターの手によってこのような立派な装丁の単行本に仕上げて頂きました。
この他にも、甲南小学校学園資料室、甲南学園史資料室、甲南大学図書館および画像を提供いただいた各社、各団体、ならびに大阪府立図書館および神戸市立図書館の皆様方にも大変お世話になりました。これらすべての方々に心より感謝申し上げます。

松下　豊久

人名索引

あ行

た行

な行

は行

ま行

や行

ら行

わ行

松下豊久（まつした・とよひさ）
1949 年生まれ。兵庫県在住。
甲南大学経済学部卒業後、三菱銀行に入社、大阪、ニューヨーク、東京で勤務。その後繊維商社を経て、2015 年から 2018 年まで学校法人甲南学園甲南小学校の事務長を務める。

平生《ひらお》釟三郎《はちさぶろう》の栄光《えいこう》と苦悩《くのう》

2024 年 3 月 31 日　第 1 版第 1 刷発行

著　者　松下豊久《まつしたとよひさ》

発行者　甲南大学出版会
〒 658-8501 兵庫県神戸市東灘区岡本 8-9-1
Tel 078-431-4341
URL https://www.konan-u.ac.jp

発　売　神戸新聞総合出版センター
〒 650-0044 兵庫県神戸市中央区東川崎町 1-5-7
Tel 078-362-7140　FAX 078-361-7552
URL https://kobe-yomitai.jp

印　刷　株式会社 神戸新聞総合印刷

乱丁・落丁本はお取替えいたします。
© Matsushita Toyohisa 2024. Printed in Japan
ISBN 978-4-9912975-1-9　C0023